Genuss und Kulinarik an der
Romantischen Straße

Brigitte von Imhof

Über die Autorin

Als langjährige Reiseredakteurin
hat die gebürtige Münchnerin viele
Ecken der Welt ausführlich kennen-
gelernt. Trotz exotischer Reiseziele
und verlockender Paradiese hat sie
den Blick für die Schönheit ihrer
bayerischen Heimat nicht verloren.
Heute lebt und pendelt sie zwischen Bayern und Alaska.

Karten & Pläne

Klappe vorne: die Region im Überblick
Klappe hinten: regionales Bahnnetz

Die Koordinaten in den Infokästen
verweisen auf die Planquadrate
in der herausnehmbaren Landkarte
bzw. in eine der zwei Innenstadtkarten,
z. B. **Karte:** C 3 oder a 4.

Hinweis: Die Reihenfolge oder die farbigen Unterlegungen der dargestellten
Restaurants und Texte stellt keine Wertung dar. Alle angegebenen Infos,
wie Adresse, Öffnungszeit oder Telefon, können sich nach Drucklegung evtl.
verändert haben.

Inhalt

Vom Main zur Tauber

Durch das Ries zur Donau

Lechaufwärts in den Pfaffenwinkel

Im Ostallgäuer Voralpenland

Es heißt: Liebe geht durch den Magen. In diesem Fall isst das Auge allerdings mit.

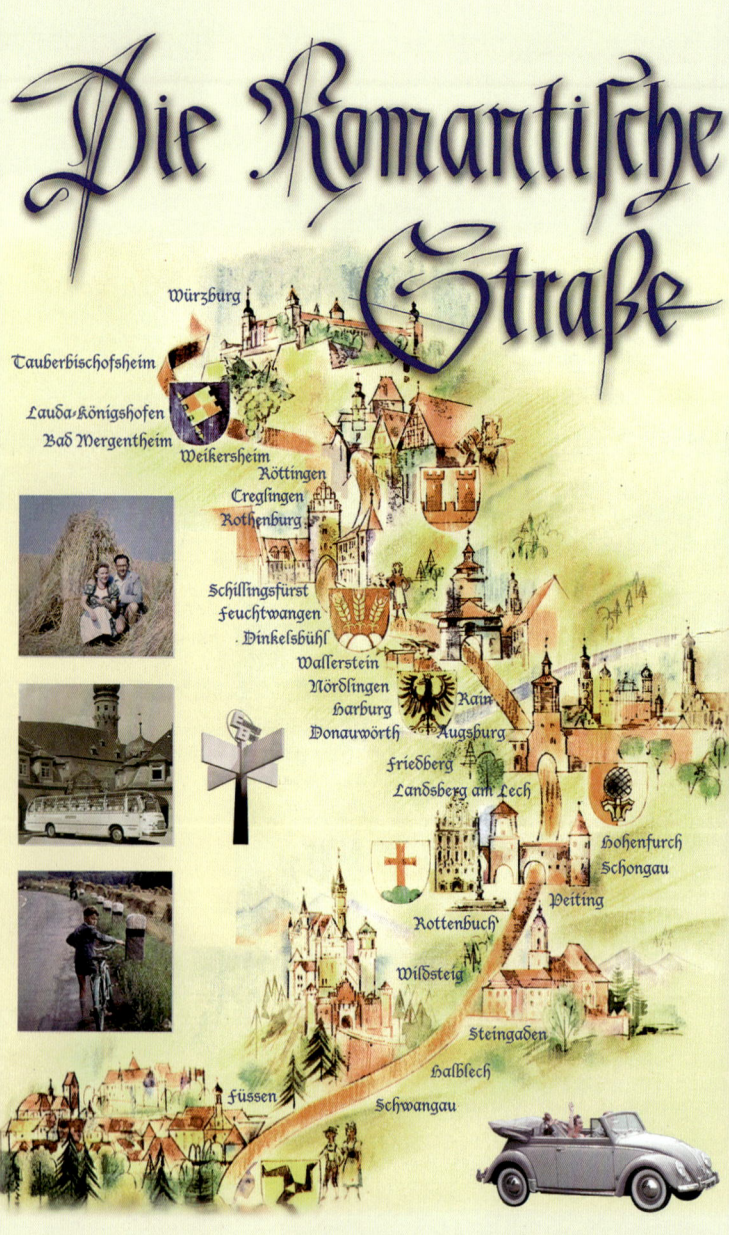

Die Romantische Straße

Würzburg
Tauberbischofsheim
Lauda-Königshofen
Bad Mergentheim
Weikersheim
Röttingen
Creglingen
Rothenburg
Schillingsfürst
Feuchtwangen
Dinkelsbühl
Wallerstein
Nördlingen
Harburg
Donauwörth
Rain
Augsburg
Friedberg
Landsberg am Lech
Hohenfurch
Schongau
Peiting
Rottenbuch
Wildsteig
Steingaden
Halblech
Füssen
Schwangau

Romantik trifft Kulinarik

Das mit der Liebe ist so eine Sache. Launisch und unberechenbar soll sie sein. Doch in einem Punkt kann man sich auf sie verlassen – nicht umsonst sagt der Volksmund: Liebe geht durch den Magen. Wie sehr das ebenfalls auf Reisen zutrifft, hat sicher jeder von uns schon mal am eigenen Leib (oder besser gesagt: Magen) erleben können. Die Attraktivität einer Urlaubsregion definiert sich demzufolge nicht allein über Landschaften, Sehenswürdigkeiten, historische Bedeutung oder klimatische Vorzüge. Ein weiteres Kriterium für das Wohlbefinden sind die gastronomischen Erlebnismöglichkeiten. Die regionalen Produkte und Speisen sagen dabei viel über die Lebensqualität, die Authentizität und das Traditionsbewusstsein einer Gegend aus. Und darüber, mit wie viel Liebe, Mühsal, Sorgfalt oder Fachwissen die Einheimischen über Generationen ihre Äcker und Gärten fruchtbar gemacht haben – und nun das Beste aus ihnen hervorholen. Was die Köche am Ende daraus zaubern, trägt – egal wo – in hohem Maße dazu bei, einen Urlaub oder einen Ausflug nachhaltig abzurunden. Die Romantische Straße nun unter dem Genuss-Faktor zu beleuchten, ist Ziel dieses Reiseführers. Über rund 400 Kilometer führt die weltweit bekannte und viel bereiste Ferienstraßen den Reisenden von der Residenzstadt Würzburg nach Füssen – durch Franken, Baden-Württemberg, Bayerisch-Schwaben und Oberbayern ins Allgäu. Der reisende Gast trifft dabei gleich auf mehrere, vielfältige Regionalküchen: die deftige fränkische Küche mit spannenden badischen Einflüssen, die bodenständige schwäbische, traditionsreiche altbayerische und würzige Allgäuer Küche.

Die Kunst zu genießen

Bestimmte Unterscheidungen der regionalen Küchen gab es sicher schon, als die Romantische Straße im Jahr 1950 ins Leben gerufen wurde. Natürlich waren wenige Jahre nach dem Krieg aber auf den Speisekarten nicht die Finessen der Kochkunst zu finden, wie wir sie heute erleben dürfen. Außerdem: Wer hatte schon ein Auto? Und wer hatte mitten im Wiederaufbau Zeit für ausgiebige Urlaubsreisen? Doch die »Erfinder« der Romantischen Straße setzten in den ersten Jahren vor allem auf die US-Soldaten, die in Deutschland stationiert waren, und auf ihre Familien. Die Rechnung ging auf: Die Besucher aus Amerika fanden nicht nur an den mittelalterlichen Städtchen und pittoresken Landschaften Gefallen, sondern auch an der herzhaften und außergewöhnlichen Küche, die entlang der Romantischen Straße in zunehmendem Maße zum Genuss und zur Einkehr einlud.

Mit Zeit und Muße
Gastlichkeit und Liebe zu den regionalen Produktion sowie die traditionellen Rezepte waren bei den Wirten und Köchen in der entbehrungsreichen Zeit des Krieges Gott sei Dank nicht verloren gegangen. Und so schwärmten die Gäste aus dem Ausland bald nicht nur in höchsten Tönen von majestätischen Burgen und prächtigen Kirchen, sondern auch von den unwiderstehlichen kulinarischen Möglichkeiten. Unser MERIAN guide soll hierfür zum »gastronomischen Navi« werden. Auf der Strecke zwischen Main und Alpen hangeln wir uns von Heckenwirtschaften zu Weinstuben und Weingütern, von modernen Restaurants zu Jahrhunderte alten Wirtsstuben oder urigen Berghütten. Es geht zu Herstellern von feinsten Käse-, Kaffee-, Schokoladen- oder Obstbrand-Spezialitäten. Wir besuchen auch besondere Hofläden von Direktvermarktern sowie Märkte und Veranstaltungen, bei denen vor allem eines im Mittelpunkt steht: Genuss für alle Sinne.

Trinkkultur und Bürgerstolz
In Sachen Trinken folgen wir dem Verlauf der fränkischen

Alljährlicher traditioneller St. Ulrichsritt von Steingaden zur Kreuzbergkirche.

Gern verkannt oder übersehen: kleine Gasthäuser entlang der Romantischen Straße.

Weinregionen von Norden zu den Pfründen der Bierbrauer im Süden. Wir streifen großartige, international prämierte Weinlagen entlang der Romantischen Straße. Dabei ergeben sich zahlreiche Gelegenheiten, die außergewöhnlichen und berühmtesten Frankenweine zu verkosten oder auf fröhlichen Weinfesten den geselligen Einheimischen näherzukommen. Die Qualität und Vielfalt der hiesigen Biere können jedoch beim »Ranking« problemlos mithalten: Wer hätte gedacht, dass die Augsburger den Münchnern, die sich gerne mit ihrem Bier-Reinheitsgebot aus dem Jahr 1516 brüsten, gleich um Jahrhunderte voraus waren!

Zu guter Letzt

Bei einer kulinarischen Reise entlang der Romantischen Straße wird man immer besonderen Menschen begegnen, die mit ihrer Region eng verwurzelt sind und die Liebe zu ihrer Heimat ohne zur Schau getragenem Patriotismus leben. In der Gastronomie drückt sich diese Heimatverbundenheit dadurch aus, dass regionale Produkte Vorrang haben und keine falsche Weltläufigkeit vorgegaukelt werden muss. Unsere kulinarischen Tipps stehen am Ende keineswegs in Konkurrenz zu der unglaublichen Fülle von kunsthistorischen Schätzen, mittelalterlich gewachsenen Ortschaften oder einmaligen Fluss- und Naturlandschaften. Sie sind die perfekte Basis für einen erlebnisreichen Tag, ein entspanntes Wochenende oder einen ganzen Urlaub entlang einer der spannendsten Ferienstraßen Deutschlands.

Zeit zu reisen und zu genießen

Wer die Romantische Straße in voller Länge von Nord nach Süd erkunden – befahren, erwandern oder erradeln – möchte, sollte Würzburg nicht nur als Startpunkt seiner Reisepläne wählen. Die ehrwürdige Residenzstadt ist so reich an Attraktionen und Kulturdenkmälern, hat Charme und Altstadtflair, dass man hier noch einiges andere erleben kann. Die Residenz, mit ihrem einzigartigen Treppenhaus und den berühmten Fresken von Giovanni Battista Tiepolo, ist UNESCO-Welterbe. Sehenswerte Barock- und Rokoko-Bauten schmücken auch die Straßen und fügen sich harmonisch in das dynamisch-jugendliche Leben der Studentenstadt Würzburg ein. Vom Zentrum des städtischen Treibens ist es nur ein Katzensprung ins schöne Taubertal, auch bekannt für seine Frankenweine. Diese anmutige Flusslandschaft erstreckt sich über 120 Kilometer, umrahmt von Wald, Wiesen und Rebgärten, und schlängelt sich an Orten wie Tauberbischofsheim, Lauda-Königshofen, Bad Mergentheim, Röttingen oder Rothenburg ob der Tauber vorbei. Diese Orte bieten sich gleichfalls dazu an, Kulturschätze zu entdecken. Selbst kleinste Dorfkirchen beherbergen hier so manche kunsthistorische Kostbarkeit. Die Pracht von Schloss Weikersheim und seinem Versailles-ähnlichen Schlosspark etwa trifft einen in dieser ländlichen Gegend völlig unvermutet, ebenso die majestätischen Burganlagen, die hier und dort über dem Tal thronen. In Wäldern und auf Fluren trifft man auf von Heiligen beschirmte Steinbrücken und Wegekreuze, die zum Innehalten einladen. Ein Schatzkästchen ist Rothenburg ob der Tauber: Das geschlossene mittelalterliche Stadtbild macht die Stadt in ihrer Gesamtheit zu einer architektonischen Kostbarkeit. Das hier beheimatete Kriminalmuseum sowie das Deutsche Weihnachtsmuseum sind in Europa einzigartig und einen Besuch wert.

Wer aktiv unterwegs ist, stößt im Taubertal auf eine der abwechslungsreichsten Rad- und Wanderregionen Deutschlands. Auf beschilderten Wegen werden Radfahrer und Spaziergänger bei sanftem Auf und Ab weder unter- noch überfordert. So genießt man die Schönheit der Natur am besten und merkt schnell, dass das Liebliche Taubertal seinen Beinamen zu Recht trägt. Der Panoramaweg Taubertal folgt über weite Strecken der Romantischen Straße und führt in bequemen Etappen durch die Region.

Schöner speisen
Überall ist zu spüren, dass das traditionelle Brauchtum eine große Rolle spielt und von allen Generationen gelebt wird. Beste Beispiele dafür sind die alljährlichen Ross- und Pferdemärkte, das Narrentreiben zu Fasnacht, die österlich geschmückten Brunnen, die Maifeste und Sonnwendfeiern sowie die bunten Krämer- und Bauernmärkte, wo vor allem die lokalen Spezialitäten und landwirtschaftlichen Produkte der Region ins Zen-

Festung Marienberg: nur unweit vom Würzburger Zentrum auf der linken Mainuferseite.

Brotzeit im fränkischen Weinland – und zum Anstoßen der Wein aus dem Bocksbeutel.

trum des Geschehens rücken. Zu den Aushängeschildern der fränkischen Küche gehören die Bratwürste. Sie werden aus Schweinefleisch gemacht und sind – neben Salz und Pfeffer – mit Majoran gewürzt. Vom Grill oder in der Pfanne gebraten, isst man sie im knusprigen »Weggla« oder mit Kraut. Beliebt sind auch die sogenannten »Blauen Zipfel«; hier werden die Würste in einem gewürzten Essigsud gegart. Die knusprigen Schweineschultern sind ebenfalls begehrt und heißen hier »Schäufela« (wegen des schaufelförmigen Schulterblatts). Eine Besonderheit ist noch der fränkische Sauerbraten: Die Soße wird gerne mit einem eingeweichten Lebkuchen gebunden und erhält dadurch seine unverwechselbar würzige Note. Daneben gibt es Spezialitäten wie das Taubertaler Landschwein aus dem südlichen Taubertal, wo die Schweinezucht überwiegend beheimatet ist. Oder das »Boef de Hohenlohe«, ein historischer Begriff für das prächtige Mastvieh, das dort gedeiht.

Das Weinland Franken genießt Weltruf und blickt auf eine lange Tradition zurück. Es gibt die großen, alten Weine im klassischen Bocksbeutel und neue Weinideen junger Winzer. In Vinotheken, Restaurants oder direkt beim Winzer genauso wie bei den zahlreichen Weinfesten können sich die Gäste mit den hiesigen Sorten anfreunden. Allerdings verstehen sich die Franken auch aufs Bierbrauen. Man sagt sogar, dass sie die höchste Brauereidichte der Welt verzeichnen – was kaum bekannt ist. Es würde auch nicht zur Art der Franken passen, einen großen Rummel um einen Rekord zu machen.

Sehenswertes in der Region

★ **Fürstlicher Falkenhof Schillingsfürst**

Auf Schloss Schillingsfürst hat die Haltung von Raubvögeln Tradition. Im Fürstlichen Falkenhof erhalten Besucher zweimal täglich (von April bis Oktober) die Möglichkeit, Bussarde, Falken, Adler, Uhus oder Geier aus nächster Nähe zu beobachten.
www.falkenhof-schillings fuerst.de

★ **Herrgottskirche Creglingen**

Vor den Toren der Stadt steht die Herrgottskirche, die ihren Ruhm dem Marienaltar von Tilman Riemenschneider verdankt. Der bedeutendste Bildschnitzer seiner Zeit begann mit der Anfertigung seines Meisterwerks aus Lindenholz zu Beginn des 16. Jahrhunderts. Der Altar mit Marias Himmelfahrt und einer Gruppe Aposteln zu ihren Füßen misst beachtliche 9 x 4 Meter.
www.herrgottskirche.de

★ **Käthe Wohlfahrts Weihnachtsdorf**

Pyramiden, Krippen, Räuchermännchen, Nussknacker oder Christbaumkugeln: In Rothenburg ob der Tauber kann man rund ums Jahr in Weihnachtsstimmung kommen. Dafür sorgen um die 30 000 handwerkliche Meisterstücke und Deko-Artikel aus Käthe Wohlfahrts Weihnachtsdorf.
www.wohlfahrt.com

★ **Schloss Weikersheim**

Das Renaissanceschloss war 400 Jahre lang Sitz der Grafen und Fürsten von Hohenlohe. Das Innere ist nahezu vollständig erhalten geblieben. Höhepunkt ist der prachtvolle Rittersaal mit seinem Prunkkamin. Der Schlossgarten mit unzähligen Statuen und Blumenarrangements steht Besuchern zum Lustwandeln offen.
www.weikersheim.de

★ **Würzburger Residenz**

Sie ist UNESCO-Welterbe und zählt zu den prächtigsten Fürstenhöfen ihrer Art. Berühmtes Highlight ist das Treppenhaus, ein Meisterwerk der Architektur und Malerei des Barock. Kopf hoch, und man erblickt, den »Himmel«, das größte Deckenfresko der Welt. Geschaffen hat es der italienische Meister Giovanni Battista Tiepolo.
www.residenz-wuerzburg.de

Weinhaus Schnabel
Würzburg

Im Weinhaus Schnabel, einem 1899 gegründeten Familienbetrieb, versteht man sich auf fränkische Spezialitäten wie Blaue Zipfel (Würste in süß-saurem Essigsud mit Zwiebeln und Wurzelwerk), geschnetzeltes Kalbsherz oder die hausgemachte Blausudsülze. Auch Bauernseufzer (warme geräucherte Bratwürste) kommen hier auf den Tisch, deren Verzehr angeblich in etwa so lange dauert wie der Seufzer eines fränkischen Bauern über das schlechte Wetter. Berühmt ist das Sauerrahmschnitzel nach einem um das Jahr 1900 entstandenen Rezept der kreativen Mitbegründerin und ersten Lokalchefin Agnes Schnabel. Bis heute lassen sich die Gäste gern in der heimeligen Gaststube verwöhnen.

Ausgesuchte Winzer liefern über 25 hochklassige Weine, für das Bier sorgen die Würzburger Hofbräu und die Mönche des oberbayerischen Klosters Andechs.

> **Wo:** Haugerpfarrgasse 10,
> Tel. 09 31/5 33 14
> **Wann:** Di–Sa 10.30–24,
> So 10.30–14 Uhr
> **Web:** www.weinhaus-schnabel.de
> **Karte:** B 1 und c 2

Restaurant Kuno 1408
Würzburg

Kuno vom Rebstock, ein Sprössling des gleichnamigen Rittergeschlechts, das im späten Mittelalter großen politischen Einfluss in Würzburg hatte und zahlreiche Weinberge und Güter besaß, war laut einer Urkunde aus dem Jahr 1408 einer der ersten Besitzer des Hofes zum Rebstock. Heute ist nach ihm eines der besten Restaurants Deutschlands benannt: Im »Kuno 1408« macht Sternekoch Bernhard Faust selbst den verwöhntesten Feinschmecker glücklich. Mit seiner avantgardistischen Gourmetküche sorgt er für modernen Glanz in Frankens Gastroszene. Seine wahlweise vier- bis sechsgängigen Menüs garantieren kulinarische Überraschungen.

> **Wo:** Neubaustr. 7,
> Tel. 09 31/3 09 30
> **Wann:** Di–Sa 18–22 Uhr
> (Betriebsferien 1. Aug. – 2. Sept.)
> **Web:** www.restaurant-kuno.de
> **Karte:** B 1 und b 3

Weingut am Stein mit Restaurant Reiser

03

Würzburg

Das in fünfter Generation von Sandra und Ludwig Knoll geführte Weingut liegt inmitten einer der bekanntesten deutschen Weinbaulagen, dem Würzburger Stein. Die Rebfläche ist in Silvaner, Burgunder und Riesling unterteilt; hinzukommen Neuzüchtungen der Sorten Rieslaner, Müller Thurgau, Bacchus und Scheurebe – alles Ökoweine. Ein Höhepunkt im Jahresverlauf ist das Hoffest im Juli, für das zwölf Tage lang Live-Bands auftreten. Im Jahr 2002 übernahm Sternekoch Bernhard Reiser das Restaurant im Weingut und machte 2013 Michael Hüsken zu seinem Stellvertreter, der sich zuvor im stylishen »Luce d'Oro« auf Schloss Elmau seinen ersten Stern erkocht hatte. Ihr gemeinsames Credo lautet: »Erlaubt ist, was schmeckt.« Reiser ist zudem Ernährungscoach der deutschen Damen-Fußballnationalmannschaft; in seiner interaktiven Fernsehshow »Frag den Reiser. Die XXXL-Kochshow« geht es um Genuss und Gesundheit.

Wo: Mittlerer Steinbergweg 5, Tel. 09 31/2 58 08 (Weingut), Tel. 09 31/28 69 01 (Restaurant)
Wann: Mo–Fr 14–20 (Jan–März 14–18), Sa 10–17 (Jan–März 10–14) Uhr (Weingut); Mo–Sa ab 17.30 Uhr (Restaurant)
Web: www.weingut-am-stein.de, www.der-reiser.de
Karte: B 1 und b 1

Fischbar zum Krebs

04

Würzburg

Anders als der Name vermuten ließe, ist »Krebs« nicht die Spezialität dieser Fischbar, sondern der Name des Bootes, auf dem man die hier kreierten Fischimbisse verzehren kann. Zuvor diente der knallrote Kutter (Baujahr 1929) viele Jahre lang der Technischen Universität München als Kontrollboot. Kurz vor der Verschrottung übernahm Christian Schätzl den altersschwachen Kutter und verwandelte ihn mit viel Liebe in eine authentische Fischbar. Seitdem frequentieren Spaziergänger und Studenten den wackeligen Steg, um sich die herzhaften Lachs- und Heringsbrötchen sowie die frittierten Meeresfische schmecken zu lassen. Gespeist wird am Stehtisch oder auf einer Bank an der Uferpromenade mit Blick auf das Treiben am Main.

Wo: Mainkai
Wann: April–Okt. tägl. 15–22 Uhr
Web: www.facebook.com/
FischbarZumKrebs/
Karte: B 1 und b 2

Staatlicher Hofkeller
Würzburg

Im Jahr 1719 bekam der Barock-baumeister Balthasar Neumann den Auftrag, eine neue Residenz in Würzburg zu errichten. In diesem Zusammenhang sollte er ausdrücklich auch einen »vorzüglichen Weinkeller« einplanen – so entstand nicht nur eine der bedeutendsten, heute zum Welterbe der UNESCO zählenden Barockanlagen nördlich der Alpen, sondern zugleich einer der schönsten Weinkeller der Welt. Kernstück der beeindruckenden 4557 Quadratmeter großen historischen Gewölbe mit ihren 891 Meter langen und bis zu sechs Meter hohen Gängen, in denen heute rund 600 000 Liter Wein lagern, ist der Stückfasskeller, in dem 100 kleine »Stückfässer« aufbewahrt werden (»Stück« ist eine alte fränkische Maßeinheit – ca. 1200 Liter – für Holzfässer). Berühmt sind die drei riesigen, im Jahr 1784 erbauten »Beamtenweinfässer«, aus denen einst der flüssige Teil des Solds der Hofbediensteten floss. An die Geschichte des Dreißigjährigen Krieges erinnert das legendäre »Schwedenfass«: 1631 wollten die Würzburger ihren Jahrtausendjahrgang von 1540 vor den anrückenden schwedischen Truppen in Sicherheit bringen und vergruben ihn im Wald. 1684 ließ man für das gerettete Gut ein neues Fass bauen – das Schwedenfass. Unter Ludwig II. wurde der Wein in Flaschen abgefüllt und versteigert, um den Bau der königlichen Märchenschlösser zu finanzieren.

Die Geschichte des Weinguts ist übrigens wesentlich älter als die historischen Gewölbe: Daran erinnert ein unterirdischer Geschichtstunnel, der dem Besucher auf dem Weg vom nördlichen in den südlichen Weinkeller dessen Anfänge im Gründungsjahr 1128 ebenso vor Augen führt wie die weitere Entwicklung vom Bischöflichen, Fürstbischöflichen, Königlich-Bayerischen bis zum Staatlichen Hofkeller Würzburg. Das Kellerlabyrinth des Staatlichen Hofkellers ist auch ein geeigneter Ort für Veranstaltungen aller Art, ob Führungen für Gruppen, Weinfeste, Filmfeste, Weinproben, internationale Weinpräsentationen oder die verschiedensten kulinarischen Events.

> **Wo:** Residenzplatz 3,
> Tel. 09 31/30 50 90
> **Wann:** Vinothek Mo–Fr 9–18, Sa 10–16 (April–Dez.) bzw. 10–14 (Jan.–März), So geschlossen
> **Web:** www.hofkeller.de
> **Karte:** B 1 und d 3

06 Weingut Bürgerspital und Weinstuben
Würzburg

Es gibt viele traditionsreiche Spitzenweingüter in Franken. Doch nur das Bürgerspital darf sich »Wiege des Bocksbeutels« nennen. Die heutige Form geht auf ein offizielles Dokument aus dem Bürgerspital zurück. 1728 beschloss der Würzburger Stadtrat, dass die besten Weine des städtischen Bürgerspitals in dieses fränkische Flaschenoriginal gefüllt werden sollten. Das Weingut selbst ist Teil der Stiftung Bürgerspital zum Heiligen Geist. Mit jeder verkauften Flasche Wein wird das soziale Engagement der Stiftung unterstützt. Küchenchef

Alexander Wiesenegg hat nach seinen Wanderjahren bei Spitzenköchen wie Heinz Winkler und Alfons Schuhbeck in den Bürgerspital-Weinstuben seine eigene Handschrift entwickelt. Im Juni lädt die Familie Wiesenegg zum zehntägigen Hofschoppenfest.

> **Wo:** Theaterstr. 19,
> Tel. 09 31/35 28 80
> **Wann:** Weingut Mo 9–18, Di–Sa 9–24, So 11–24, Weinstuben tägl. 10–24 Uhr
> **Web:** www.buergerspital-weinstuben.de
> **Karte:** B 1 und c 2

07 Städtisches Rebgut Edelberg
Tauberbischofsheim

Seit 1934 gibt es dieses von den Becksteiner Winzern bewirtschaftete Weingut. Auf neun Hektar Rebfläche werden nicht weniger als sieben verschiedene Rebsorten angebaut: Besser lässt sich die Vielfalt der hiesigen Weine (Silvaner, Weißer Burgunder, Riesling, Grauer Burgunder, Gewürztraminer, Schwarzriesling und Müller-Thurgau) nicht demonstrieren. Sie werden u. a. in Bocksbeutel abgefüllt – seit 1728 Herkunftsgarant für den echten

Frankenwein. Verkostungen mit Sorten aus dem städtischen Rebgut sind im Keller des Kurmainzischen Schlosses möglich. 2011 wurde der pädagogische Weinlehrpfad neu gestaltet. Bei einer Führung können Besuchergruppen die spezifischen Merkmale genauer kennenlernen.

> **Wo/Wann:** Informationen bei der Tourist-Info, Tel. 0 93 41/8 03 33
> **Web:** www.tauberbischofsheim.de
> **Karte:** A 2

Distelhäuser Brauerei
Tauberbischofsheim

08

Das Taubertal ist für seine Weinvielfalt bekannt. Aber die 2014 als Brauerei des Jahres ausgezeichnete Distelhäuser Brauerei beweist, dass auch die Sortenvielfalt des Bieres der des Weines in nichts nachstehen muss. Zum Sortiment der im Tauberbischofsheimer Stadtteil Distelhausen ansässigen Brauerei (mit Brauhaus) gehören mehr als 21 verschiedene Bierspezialitäten – da ist für jeden Geschmack etwas dabei. Verwendet werden nur die besten Zutaten aus der Region. Die Grundelemente Wasser, Gerste und Weizen stammen aus dem Taubertal, die Hefe wird in der Brauerei selbst herangeführt. Damit bringen die Brauer zum einen ihre Heimatverbundenheit zum Ausdruck und leisten zum anderen einen wichtigen Beitrag zur regionalen Bierkultur. Die meistgebraute Biersorte in Distelhausen ist übrigens das Pils, aber auch Spezialabfüllungen wie das dunkle Landbier, das unfiltrierte Kellerbier oder das Hefeweißbier erfreuen den Kenner. Kreativität beweist die Brauerei mit neuen Sorten wie einem Classic Porter oder einem India Pale Ale.

Wo: Grünsfelder Str. 3, Tel. 0 93 41/80 58 20
Wann: (Brauhaus) tägl. ab 11 Uhr
Web: www.distelhaeuser.de, www.alte-fuellerei.de
Karte: A 2

09

Hotel St. Michael
Tauberbischofsheim

Frische regionale Zutaten und klassische Gerichte liebevoll zubereitet: So lautet die Philosophie des Restaurants Stammberger im renommierten Hotel St. Michael. Gäste dürfen sich auf tauberfränkische Spezialitäten wie Distelhäuser Wildschweinbratwürste mit Grünkern-Pilz-Risotto, Geschnetzeltes vom Reh aus heimischer Jagd oder Medaillons vom Fränkischen Landschwein im Speckmantel mit Walnusskruste freuen. Dazu schmeckt besonders gut ein Wein aus dem Taubertal. Sehr stolz ist die Belegschaft des Hotels St. Michael, das erste Integrationsprojekt des Main-Tauber-Kreises gewesen zu sein. Das heißt: Menschen mit und ohne Behinderung sorgen gemeinsam für das Wohl der Gäste. Dieser schöne Geist des Miteinanders prägt das ganze Haus.

Wo: Stammbergweg 1, Tel. 0 93 41/8 49 50
Wann: Mo–Sa 18–22, So und Feiertage 12–14 Uhr
Web: www.hotel-stmichael.com
Karte: A 2

Das kleine Amtshotel
Tauberbischofsheim

Männern sagt man gerne nach, dass sie mit dem Thema Wellness eher weniger anfangen könnten als Frauen. Im kleinen Amtshotel wird dieses Vorurteil gründlich widerlegt. Das liegt vermutlich an einem Wellness-Thema, das viele Männer hellhörig werden lässt: Bier. Dazu werden zwei Holzzuber des Hotels mit Wasser und Bierhefe oder Bierhopfen gefüllt. Die positive Wirkung von Bierhefe ist seit dem Mittelalter bekannt: Sie macht die Haut weich, zart und elastisch, außerdem wird der Stoffwechsel angeregt. Hopfen ist eine anerkannte Arzneipflanze, deren ätherische Öle und Bittersäuren dazu beitragen, dass Körper und Seele in ein harmonisches Gleichgewicht kommen. Um die Entspannung und den Genuss perfekt zu machen, sollte man sich anschließend im Bistro des Kleinen Amtshotels ein frisch gezapftes Distelhäuser Bier und eine deftige Brotzeit gönnen.

Wo: Amtstr. 2, Tel. 0 93 41/78 88
Wann: Bistro Mo–Fr 15–21, Sa, So und Feiertage 11–18 Uhr
Web: www.das-kleine-amtshotel.de
Karte: A 2

Restaurant Zum Alten Türmle
Tauberbischofsheim

Das in einer ehemaligen Wasserburg aus dem Jahr 1280 untergebrachte Restaurant ist so urgemütlich, als wäre es einst eigens für die hier besonders begehrten Candle-Light-Dinner zu zweit gemacht. »Verlieben« kann man sich hier aber nicht nur in sein Gegenüber, sondern auch in die regionalen Spezialitäten: Badische Grünkernsuppe, Grünkernrisotto, Dunkelbiergulasch, Wild- und Pilzgerichte (im Herbst) sowie himmlisch gut schmeckende fränkische Apfelküchle. Sehr beliebt sind Weinproben (für Gruppen ab zwei Personen). Vorgestellt werden dabei vier bis acht tauberfränkische Weine; dazu kommen wahlweise eine kräftige Winzerbrotzeit, Eintopf oder ein Mehrgangmenü auf den Tisch.

Wo: Schloßplatz 3, Tel. 0 93 41/89 54 93
Wann: Mo–Sa ab 17.30 Uhr
Web: www.zum-alten-türmle.de
Karte: A 2

Die Weinregion Lauda-Königs-hofen ist für die alte Rebsorte Tauberschwarz bekannt, aus der fruchtige Rotweine gewonnen werden.

Von der Vielfalt der Reben

Exkursion durchs Weinland Taubertal

Selbst weit gereiste Weinkenner sind verblüfft, wie viele verschiedene Rebsorten es im Taubertal gibt. Das nach ihm benannte, von der Tauber durchflossene, bayerische, badische und fränkische Landesgrenzen überschreitende Weinland erstreckt sich von Rothenburg ob der Tauber bis nach Wertheim am Main. Das mittlere Taubertal von Lauda-Königshofen, Ortsteil Unterbalbach bis zur Mündung der Tauber in den Main bei Wertheim gehört zum Weinbaugebiet Baden (Bereich Tauberfranken). Auf der gegenüberliegenden Seite des Mains mit dem Weinort Kreuzwertheim befindet man sich wieder in Bayern, im Anbaugebiet Franken (Bereich Mainviereck).

Die das schöne Flusstal säumenden Weinberge – insgesamt rund 1100 Hektar Anbaufläche – sind zu etwa 65 Prozent mit Weiß- und zu rund 35 Prozent mit Rotweinsorten bestockt. Müller-Thurgau und Silvaner heißen die gängigsten Sorten bei den Weißweinen, bei den Rotweinen ist dies der Schwarzriesling. Die Vielzahl der anderen Sorten führt Namen wie Kernerrebe, Bacchus, Auxerrois, Riesling, Ruländer, Scheurebe, Traminer und Gewürztraminer, Blaue Spätburgunder, Dornfelder, Regent und Acolon.

Neben Rot- und Weißweinen gedeihen auf den mineralstoffreichen Muschelkalkböden im Taubertal auch Weißherbst und Rosé. Hinzu kommen der Schillerwein und der Rotling, die aus roten und weißen Trauben gewonnen werden.

Heimlicher Star dieser renommierten Weinbauregion ist der ausschließlich hier angebaute Tauberschwarz: Erstmals angepflanzt wurde die damals noch namenlose Rotweintraube bereits um die Mitte des 16. Jahrhunderts in der Umgebung von Weikersheim. Ein Graf Carl-Gustav von Weikersheim war es dann auch, der sie im Jahr 1726 »Tauberschwarz« taufte. Um die Mitte der 1930er-Jahre drohte der Rebe das Aus, weil damals Weinberge gerodet und durch den ertragreicheren Müller-Thurgau ersetzt wurden. Erst in den 1980er-Jahren entdeckte man den leicht fruchtigen, charaktervollen Rotwein wieder, der seitdem auch immer häufiger auf den Weinkarten hiesiger Gasthäuser zu finden ist.

Web: www.weinland-taubertal.de, www.liebliches-taubertal.de

12 Becksteiner Winzer

Lauda-Königshofen, Ortsteil Beckstein

18 Winzer aus dem beschaulichen Ort Beckstein waren es, die sich im Jahr 1894 zu den Becksteiner Winzern zusammenschlossen. Mittlerweile zählt die Gemeinschaft 354 Mitglieder aus knapp zwei Dutzend umliegenden Weinorten mit einer Rebfläche von insgesamt 276 Hektar. Jeder ist mit der Lage seiner Rebstöcke bestens vertraut und kann sich in aller Sorgfalt auf die jeweilige Rebsorte konzentrieren. Eine wahre Schatzkammer für Weinliebhaber ist die erst im Juli 2014 eröffnete »Becksteiner Weinwelt«. Zu ihr gehört der stimmungsvolle St. Kilian Keller, die Winzerstube und eine gut sortierte Vinothek zum Einkaufen, Probieren und Genießen. Besonders stolz sind die Becksteiner Winzer auf die schon seit dem Jahr 1894 angebauten Kilian-Weine. Die vielfach ausgezeichneten Tropfen sind das Ergebnis besonders guter Lagen, einer späten Lese sowie sorgfältiger Arbeit der Winzer im Weinberg und im Keller.

> **Wo:** Weinstraße 30,
> Tel. 0 93 43/50 00
> **Wann:** Mo–Sa 9–18, So und Feiertage 10–16, Jan.–März Sa 9–13 Uhr,
> So und Feiertage geschlossen
> **Web:** www.becksteiner-winzer.de
> **Karte:** A 2

Rebgut Die Weinherberge
Lauda-Königshofen

»Bei Freunden zu Gast sein und das Leben genießen«, lautet hier die Devise. Dafür lassen sich die Gastgeber Manuela Wobser und Christian Rudert einiges einfallen. Eine Erfindung der kreativen Rebgutköche sind zum Beispiel die »Frapas«: fränkische Köstlichkeiten im spanischen Tapas-Stil. Unter der Rubrik »Franken geht fremd« werden regionale Genüsse mit internationalen Spezialitäten kombiniert. Für Gruppen kreiert Küchenchef Christian Hedderich beispielsweise mit leckeren Cremes gefüllte, auf einer hölzernen Weinkiste servierte Frapa-Hörnchen. Abgerundet wird das kulinarische Erlebnis durch die vom Sommelier Christian Rudert empfohlenen Frankenweine. Zu genießen ist all das in einem Tradition und Moderne stimmungsvoll vereinenden Ambiente.

Wo: Rebgutstr. 80,
Tel. 0 93 43/61 47 00
Wann: Mo–Sa ab 17.30,
So ab 11.30 Uhr
Web: www.rebgut.de
Karte: A 2

Weingut Benz
Lauda-Königshofen, Ortsteil Beckstein

Idyllisch in einem Seitenarm des Taubertals gelegen, befinden sich die Weinberge des Guts zwar schon auf badischem Gelände, aber die hiesigen Muschelkalkböden sind den fränkischen sehr ähnlich. Deshalb dürfen die Weine auch im für das fränkische Anbaugebiet typischen Bocksbeutel abgefüllt werden. Die Winzerfamilie Benz hat sich mit kräftigen Silvanern und Grauburgundern einen Namen gemacht. Auch Rotweine aus Tauberschwarz und Spätburgunder erfreuen sich großer Beliebtheit. Wer mag, mietet sich im neuen, charmanten Weinhotel der Familie Benz gleich ein Zimmer dazu – der ideale Standort, um auch die Sehenswürdigkeiten der Umgebung kennenzulernen.

Wo: Im Walterstal 1,
Tel. 0 93 43/45 23
Wann: Di–Fr 8–12 und 14–18,
Sa 9–16, So 10–12 Uhr, Mo und
Feiertage geschlossen
Web: www.weingut-benz.de
Karte: A 2

Brauerei Herbsthausen

Bad Mergentheim/Herbsthausen

»Sommelier« nennt man traditionell einen speziell für Getränke zuständigen Kellner. Die meisten verbinden damit wohl vor allem einen Weinfachmann, der beispielsweise im Restaurant die ideal mit der Speisenfolge korrespondierenden Tropfen zu empfehlen oder in einer Vinothek den Gast zu beraten weiß. Es gibt aber auch Biersommeliers: Christian Wunderlich, Juniorchef der Herbsthäuser Bräuerei, kommen seine Kenntnisse als Biersommelier im Brauereialltag zugute: »Interessanterweise lassen sich viele Charaktereigenschaften eines Bieres schon am Geruch erkennen«, erklärt er und fügt hinzu, dass selbst die Unterscheidung von Nuancen bei den unterschiedlichen Bieren zur Quali-tätssteigerung führen kann. Sein Wissen teilt der Bierspezialist auch gern mit anderen: Großen Anklang findet das mehrmals jährlich stattfindende Bierkulinarium in der Herbsthäuser Brauereigaststätte, bei dem zu einem viergängigen Überraschungsmenü korrespondierende Biere serviert werden. Deren Charakter und Geschmack weiß der Chef anschaulich zu erläutern – und macht das Ganze zu einem Event (nicht nur) für Biergourmets.

Wo: Alte Kaiserstr. 28,
Tel. 0 79 32/2 86
Wann: Mi–Sa 11.30–14 und ab 17,
So ab 11.30 Uhr
Web: www.herbsthaeuser-
brauereigaststaette.de
Karte: A 2

Weingärtner Markelsheim
Bad Mergentheim/Markelsheim

Bei den Weingärtnern Markelsheim handelt es sich um einen Zusammenschluss von etwa 300 Winzern aus sieben Weinbaugemeinden (Markelsheim, Elpersheim, Weikersheim, Laudenbach, Schäftersheim, Vorbachzimmern, Nieder- und Oberstetten), die eine Rebfläche von mehr als 150 Hektar bewirtschaften. Alle diese heute genossenschaftlich verbundenen Gemeinden sind bedeutende Weinbauorte mit einer jahrhundertealten Geschichte und Tradition. Ihr Sortiment umfasst das ganze Spektrum vom leichten Weißwein bis zum charaktervollen Rotwein. Amüsant und lehrreich ist eine begleitete Panoramafahrt durch die Weinberge »hoch auf dem gelben Wagen«. Und auf die Theorie folgt auch sogleich die Praxis: eine Verkostung in einem Pavillon über den Weinbergen, mit deftigem Speck-Zwiebelbrot.

Wo: Scheuerntorstr. 19,
Tel. 0 79 31/9 06 00
Wann: Mo–Fr 9–12 und 13–18, Sa 9–12 und 13–16, So (Mitte März bis Ende Dez. 2015) 10–16 Uhr
Web: www.markelsheimer-wein.de
Karte: A 2

Weinlaubenrestaurant Schurk
Bad Mergentheim/Markelsheim

Selten findet man so ein idyllisches Plätzchen wie diese über 90 Jahre alte, behagliche Weinlaube, unter deren grünem Dach Spezialitäten vom hohenlohischen Landschwein, wie zum Beispiel geschmorte Bäckchen in Burgundersauce mit Serviettenknödel, oder vom Angusrind serviert werden (zu empfehlen sind auch der Zwiebelrostbraten mit Spätzle, »Schurkensteak« mit Speck, Zwiebeln und hausgemachter Sauce Hollandaise). Grünkernküchle oder angeröstete Serviettenknödel machen den Gast auch fleischlos glücklich. Nicht zuletzt hält die gut sortierte Weinkarte neben heimischen Tropfen auch solche aus Frankreich, Spanien und Italien bereit.

Wo: Hauptstraße 57,
Tel. 0 79 31/21 32
Wann: Mo–Fr ab 17, Sa, So und Feiertage ab 11.30 Uhr, Mi Ruhetag
Web: www.schurk-markelsheim.de
Karte: A 2

Weinstube Lochner
Bad Mergentheim

Lust auf kulinarische Experimente? Auf hausgebeizten Wildschweinschinken mit Traubenbrandparfait vielleicht? Oder: Lamm trifft Garnele – warum nicht? In der Weinstube Lochner dürfen sich die Gäste auf so manche Überraschungen einlassen: Küchenchef Thomas Heimberger versteht es, die gutbürgerliche Küche seiner Region virtuos aufzupeppen. So werden auch fränkisch-schwäbische Klassiker wie Rostbraten mit Schupfnudeln oder Sauerbraten zu einem Erlebnis. Zu all dem werden natürlich ausschließlich Weine aus Markelsheim serviert.

Wo: Hauptstr. 39, Tel. 0 79 31/93 90
Wann: 11.30–14 und 17.30–22 Uhr, Mo Mittag Ruhetag
Web: www.weinstube-lochner.de
Karte: A 2

Edelfinger Hof
Bad Mergentheim

Wenn aus einem gemütlichen Abendessen eine »Nacht des Schreckens« wird, so haben wir es – hoffentlich – mit einem klaren Fall von gehobener Eventgastronomie zu tun. Im Edelfinger Hof werden die Schrecken eines »Krimidinners« von einem viergängigen Galamenü begleitet. Spannung und Kulinarik vereinen sich so zu einer neuen Genussform. Auf andere Weise spannend ist auch das »Schlemmen im Dunkeln«. Wer daran teilnimmt, wird sich zuerst darüber wundern, wie sehr sich das Gesamtbefinden verändern kann, wenn man mal ohne visuelle Wahrnehmung auskommen muss. Auf das erste Wunder(n) folgt aber sogleich ein neues Aha-Erlebnis, wenn ausschließlich die Geschmacksnerven und der Geruchssinn vermitteln, was auf dem Teller liegt. Doch so originell solche Events auch sind – die Hauptrolle spielt im Edelfinger Hof immer noch das Essen. Allein das lohnt schon die volle Aufmerksamkeit – gern auch wieder sehenden Auges ...

Wo: Landstraße 12, Tel. 0 79 31/95 80
Wann: verschiedene Termine, Infos auf der Homepage
Web: www.edelfinger-hof.de
Karte: A 2

Gasthaus Zum Roß
Bad Mergentheim

Beim Grünkern, einer Spezialität aus der badischen Region, handelt es sich um halbreifen Dinkel, der als Korn geerntet und dann über Buchenholzfeuer auf der Darrpfanne getrocknet (»gedarrt«) wird. So bildet der »Badische Reis«, wie man den Grünkern auch nennt, die Basis vielseitiger Küchenkreationen. Familie Gotthardt, die bereits in dritter Generation das kleine gemütliche Gasthaus Zum Roß führt, zaubert aus diesem gesunden Getreide kulinarische Überraschungen wie Grünkernknödel, die zu Wild- und anderen Fleischgerichten serviert werden, oder Grünkernküchle, eine köstliche vegetarische Alternative zu den sonst üblichen Frikadellen. Ebenfalls sehr schmackhaft ist der Grünkernkuchen. Fans des gesunden Korns bestellen sich gleich die Knödel-Küchle-Kombo zum frischen Salatteller und genehmigen sich hinterher noch den süßen Grünkernauflauf mit Kompott.

Wo: Lindenplatz 5, Tel. 0 79 30/4 00
Wann: Di–Do 11–14 und 17–22.30, Fr 11–14 und 17–23.30, Sa 11–23.30, So 10–22 Uhr
Web: keins
Karte: A 2

Weingut Carl Schumm
Weikersheim

Es muss nicht immer ein Bocksbeutel sein: Carl Schumm, Kellermeister und Weingutbesitzer in der vierten Generation, füllt seine Spitzenweine in »Keulen« ab. Diese außergewöhnliche, länglich-bauchige Flaschenform soll den Weininteressierten schon optisch auf den besonderen Inhalt aufmerksam machen. »Unser kleines Familienweingut ist ja von zwei Bocksbeutel-Anbaugebieten eingeschlossen«, erklärt Carl Schumm. »Die Keule ist praktisch unsere Antwort darauf.« Knapp 30 verschiedene Weine führt er in seinem Sortiment, die man in seinem im Ortskern von Weikersheim gelegenen Weingut verkosten und erwerben kann. Es repräsentiert die Taubertaler Weinvielfalt mit Sorten wie dem Tauberschwarz oder dem Taubertaler Sauvignon Blanc – einer Rebe, die nur Schumm anbietet.

Wo: Bahnhofstr. 7,
Tel. 0 79 34/99 06 40
Wann: tägl. geöffnet und nach Vereinbarung
Web: www.taubertalwein.de,
www.weingut-schumm.de
Karte: B 2

Weingut Hofäcker
Weikersheim/Queckbronn

Was für ein Anblick! Malerisch breiten sich die Rebstockzeilen des Weinguts Hofäcker zu Füßen des »Gelben Hauses« aus, des ehemals fürstlichen Jagdsitzes der Herren zu Hohenlohe. Rainer und Simone Hofäcker bauen hier Weine aus elf verschiedenen Rebsorten aus. Bei den Weinproben lassen sich die Unterschiede vom säurebetonten Riesling bis zum feinen Tauberschwarz erschmecken, zumal die Verkostungen von Rainer Hofäcker anschaulich moderiert werden. Dazu gehört eine deftige Winzervesper mit Hausmacherwurst, geräuchertem Schinken und Käse. Beliebt sind auch die Themenweinproben »Wein und Käse«, »Wein und Märchen« sowie »Wein und Schokolade«.

Wo: Queckbronn 3,
Tel. 0 79 34/75 50
Wann: Termine auf der Homepage
Web: www.weingut-hofaecker.de
Karte: B 2

23 Hotel Laurentius
Weikersheim

Jürgen Koch zählt zu den jungen Kreativen seiner Zunft. Der gebürtige Bad Mergentheimer sammelte nach seiner Ausbildung zunächst Erfahrungen als Koch in den USA, in Mexiko, Hongkong, der Schweiz, Frankreich und Italien. Zurückgekehrt in seine Taubertaler Heimat, eröffnete er mit seiner Frau das Hotel Laurentius und zelebriert nun im eigenen Restaurant Kochkunst vom Feinsten. Jedes Gericht ist eine kulinarische Offenbarung, und wer sich angesichts der verlockend klingenden Speisekarte nicht entscheiden kann, der wählt das »Sonntagsversucherle« – ein abgestimmtes Überraschungsmenü mit vier

Probiergängen, einem »Gruß aus der Küche«, Chocolaterie und Kaffee. Dabei geht man kein Risiko ein: Das schmeckt immer! Ein Highlight ist die Tavola Cucina, an der die Gäste mitten im Heiligsten des Maître, an einem Tisch in der Küche, tafeln: ganz privat und doch mittendrin in Kochs von ihm selbst mit dem Kürzel www (weltoffen, weitsichtig, wurzelecht) umschriebener kulinarischer Welt.

> **Wo:** Marktplatz 5,
> Tel. 0 79 34/9 10 80
> **Wann:** Mi–So 18.30–23.30 Uhr
> (Küche bis 20.30 Uhr)
> **Web:** www.hotel-laurentius.de
> **Karte:** B 2

Wein ist mehr als ein emotionales Produkt: Die Sinne und das sinnliche Erleben stehen im Vordergrund.

Wein trinken, wo der Wein wächst

Gemütliches Beisammensein in Frankens Heckenwirtschaften

Fast jedes größere Weinanbaugebiet hat dafür einen anderen Namen: Im Rheinland und in Rheinhessen sagt man »Straußenwirtschaft«, in Württemberg »Besenwirtschaft«, im Badischen »Kranzwirtschaft«, im Bodenseegebiet »Rädle« oder »Rädlewirtschaft«, und bei den Österreichern sowie in Südtirol spricht man vom »Buschenschank«. Im Fränkischen aber sagt man »Heckenwirtschaft« oder »Häckerwirtschaft«: »Häcker« ist das fränkische Wort für Winzer, »Heckenwirtschaft« bezieht sich auf die rund um die Äcker und Weinberge angelegten Hecken, aus denen man Zweige schnitt, zu Kränzen band und diese dann zum Fenster hinaus hing oder am Dachgiebel anbrachte, um anzuzeigen, dass die Wirtschaft geöffnet hat und der Winzer hier seinen eigenen Wein für Gäste ausschenkt. Zur Weinlesezeit wird auch gern der Federweiße oder Federrote ausgeschenkt: Dieser neue Wein befindet sich noch in der Gärung, ist am Anfang recht süß und enthält wenig Alkohol. In der Regel ergänzen kleine regionale Gerichte und bodenständige Hausmannskost das Angebot. Die Atmosphäre ist ungezwungen gemütlich, die Öffnungszeiten sind unkonventionell, um eine Konkurrenzsituation mit den gastronomischen Betrieben der Region zu vermeiden.

Die Tradition der Heckenwirtschaften soll auf einen Erlass Karls des Großen für kaiserliche Güter aus dem Jahr 791 zurückgehen. Daraus entwickelte sich im Lauf der Zeit das Recht der Winzer, ihren eigenen Wein mit der Auflage ausschenken zu dürfen, dass dies nur zwei Mal im Jahr in insgesamt höchstens vier Monaten geschieht. Zu diesem Anlass dürfen höchstens 40 Sitzplätze und nur einfache Mahlzeiten angeboten werden. Zunächst wurden noch Scheunen, das Wohnzimmer oder sogar das Schlafzimmer ausgeräumt, um für eine begrenzte Zeit den Gast mit eigenen Weinen und fränkischer Hausmannskost bewirten zu können. Heute laden Frankens Heckenwirtschaften als saisonales Highlight zum netten Austausch mit dem Tischnachbarn in gemütlicher Atmosphäre bei Speis und Trank.

Web: www.weinfranken.eu, www.weinparadies-franken.de
Buchtipp: Markus Raupach/Bastian Böttner, Frankens schönste Weinstuben und Heckenwirtschaften, Fränkischer Tag Buchverlag

Weinmuseum
Röttingen

Wein wird an den Hängen oberhalb der Stadt bereits seit dem Jahr 1103 angebaut. Über die Jahrhunderte konnte die Bewirtschaftung dieser ganz von Hand bearbeiteten Lagen perfektioniert werden. Heute zeugt das Weinmuseum (bei freiem Eintritt) auf der 1230 erstmals erwähnten Burg Brattenstein von dieser langen Tradition. Jenseits aller Daten und Fakten wird dabei deutlich, was den Erfolg der Röttinger Winzer ausmacht: die große

Liebe zu ihrem Beruf. Anschaulich aufbereitet, findet man das Thema im ergänzend zum Weinmuseum angelegten Weinberg. Eine Verkostung vor Ort gehört auf jeden Fall zum Besuch dazu.

> **Wo:** Lagerweg,
> Tel. 0 93 38/97 28 55
> **Wann:** 1. Mai–31. Okt. Sa, So und Feiertage 13.30–17 Uhr, wochentags und Führungen nach Vereinbarung
> **Web:** www.roettingen.de
> **Karte:** B 2

Weinstube zum Feuerstein
Röttingen

Gastgeber aus Leidenschaft und Winzer von Beruf: Für diese glückliche Kombination aus Passion und Profession steht die Familie Wiehl, die hier bereits seit dem Jahr 1936 Weinbau betreibt. Auf 1,5 Hektar werden die Rebsorten Silvaner und Müller-Thurgau, Domina, Bacchus und Tauberschwarz ausgebaut. Die eigenen Weine können im hauseigenen Verkauf verkostet werden, in der Weinstube schenkt man auch andere Röttinger Sorten aus. Die Speisekarte zeigt eine eindeutig fränkische Handschrift mit vielen regionalen und saiso-

nalen Spezialitäten. Als Geheimtipps gelten der Tafelspitz mit Meerrettichsoße und die Hausmacher-Bratwürste mit Sauerkraut. Auch für Vegetarier hält die Karte einiges bereit. Die Tochter des Hauses weiß zudem köstliche Torten zuzubereiten.

> **Wo:** Untergasse 25,
> Tel. 0 93 38/10 88
> **Wann:** Mo–Sa 11.30–14 und 17–22 Uhr, So und Feiertage 10–22 Uhr, Mi Ruhetag
> **Web:** www.weinstube-zum-feuerstein.de
> **Karte:** B 2

Brennerei Ott
Weiler

26

Birne ist nicht gleich Birne. Keiner weiß das besser als Hans Ott, der aus Williams Christ Birne, der einheimischen Schweizer Wasserbirne und der Träublesbirne unterschiedliche Destillate kreiert. Diese haben nur eines gemeinsam: Sie munden allesamt köstlich! Angesichts der reichen Familientradition kein Wunder: Bereits gegen Ende des 19. Jahrhunderts erwarb Hans' Vorfahr Johann Martin Ott das Recht zur Destillation von Spirituosen, seither hat man sich hier auf edle Branntweine spezialisiert. Jahr für Jahr wird dafür im Herbst das reife Obst auf den Streuobstwiesen der Region gesammelt: neben Birnen diverse Apfelsorten, Zwetschgen, Pflaumen, Kirschen, Quitten und anderes mehr. Wenn das Obst die Gärphase durchlaufen hat, wird es Aroma schonend destilliert, um so die bestmögliche Qualität zu erhalten. Das Ergebnis kann sich sehen (und schmecken) lassen: Die Produktpalette umfasst neben 19 verschiedenen Destillatsorten auch eine Reihe von Likören, wie Erdbeer-, Schlehen- und Nusslikör oder einem Likör aus gelben Pflaumen oder Quitten.

Wo: Weiler 7, Tel. 0 79 39/9 90 61 65
Wann: keine festen Öffnungszeiten, am besten vorher anrufen
Web: www.brennerei-ott.de
Karte: B 2

Gasthaus zum Hirschen
Creglingen

Inmitten der historischen Altstadt von Creglingen gelegen, hat sich dieses Gasthaus zu einem Treffpunkt für Genießer entwickelt. Küchenchef Ralf Lehmann tischt seinen Gästen gern hausgemachte Schmankerl auf. Gruppen ab 20 Personen wird ein »Rosenmenü« angeboten, dessen Speisenfolge einem schon beim Lesen den Mund wässrig macht: Rosenblütencremesüppchen mit feinem Ingwer, Blattsalate mariniert mit Rosenwalnussdressing an Barbariee-Entenbrust, Schweinelendchen »im Zeichen der Rose« (gefüllt mit feinem Brät und Rosenblüten an Mandelbällchen) sowie »Rose de la Rose« (Rosenparfait an Rosen-Himbeersauce). Wanderern und Radlern ist das Gasthaus zum Hirschen eine schöne Oase für eine kurze Auszeit, E-Biker können hier auch gleichzeitig die Akkus aufladen.

> **Wo:** Hauptstraße 27,
> Tel. 0 79 33/20 32 40
> **Wann:** Di–So 11–23 Uhr,
> Mo Ruhetag
> **Web:** www.gasthauszumhirschen.de
> **Karte:** B 2

Villa Mittermeier
Rothenburg ob der Tauber

Kochen, essen und trinken verbindet Menschen über Grenzen hinweg und ist für den gelernten Metzger und Sternekoch Christian Mittermeier eine Herzensangelegenheit. Zwar schloss der erfolgreiche Hotelier, Gastronom und Produzent regionaler Spezialitäten 2012 eines seiner Gourmetrestaurants, um sich neuen Aufgaben im Winzergeschäft zu widmen – sein derzeit auf Grillspezialitäten ausgerichtetes Restaurant »Die blaue Sau« in der Villa Mittermeier aber führt er weiter, und in der eigenen Kochschule eröffnet er all jenen, »die nicht nur essen, um satt zu werden«, neue kulinarische Welten.

> **Wo:** Vorm Würzburger Tor 9,
> Tel. 0 98 61/9 45 40
> **Wann:** Termine telefonisch erfragen oder auf der Website der Kochschule cookingsolutions nachsehen
> **Web:** www.villamittermeier.de, www.blauesau.eu, www.cooking solutions.eu
> **Karte:** B 2

Gasthaus Sonne
Rothenburg ob der Tauber

29

Die Maultaschen sind Chefsache: Klaus Sackenreuther, Inhaber und Chefkoch des Hotel & Gasthof Sonne, zaubert die Spezialität in allen möglichen Variationen auf den Tisch – mit Rind- oder Schweinefleisch, Lamm oder Rehfleisch, Lachs oder Karotte/Ingwer gefüllt. Sogar als süße Variante wird sie gereicht, mal mit Zwetschge und Zimt, mal mit Erdbeeren. Darüber hinaus konzentriert sich die Küche zur Freude der Gäste auf saisonal frisch zubereitete Speisen. Fränkischer Spargel etwa wird mal deftig mit Wurst, mal fein mit gebratenem Lachs oder auch einfach ganz pur mit Butter serviert. Jeder Fisch – von der Scholle über den Lachs bis zu Heilbutt und Forelle – wird hier kunstvoll zubereitet. Zur hohen Qualität der Speisen passt das Ambiente: Das Gasthaus Sonne steht auf historischen Mauern, die Kellergewölbe, in denen der Wein lagert, stammen noch aus dem Mittelalter. Und eine Sonnenterrasse gibt es natürlich auch.

Wo: Hafengasse 11,
Tel. 0 98 61/21 66
Wann: tägl. 11.30–21 Uhr
Web: www.sonne.rothenburg.de
Karte: B 2

Konditorei Café Walter Friedel

Orig. Rothbg. Tauberkugel
Vanille 2,40 €
Überzug: Vanille-Pflanzenfettglasur

Orig. Rothbg. Tauberkugel
Amaretto-Marzipan 3,20 €
Überzug: Vanille-Pflanzenfettglasur

Orig. Rothbg. Tauberkugel
Nuss 2,40 €
Überzug: Vanilleglasur

Original Rothbg. Tauberk.
Mini · Nuß · € 1,70
Überzug: mit Haselnußkrispinen

Original Rothbg. Tauberk.
Mini · Vanille € 1,70
Überzug: mit Vanille-Pflanzen. Fettglasur

Orig. Rothbg. Tauberkugel
Eierlikör-Marzipan 3,20 €
Überzug: Vanille-Pflanzenfettglasur

Orig. Rothbg. Tau
Nugatkrem
Überzug: Nussfeing

Original Rothbg. Tauberk.
Schneeballen 1,20 €

Orig. Rothbg. Tauberkugel
Rum-Marzipan 3,20 €
Überzug: kakaohaltige Fettglasur

Orig. R
M
Überzug:

Schneeballen können rund um Rothenburg ob der
Tauber und Dinkelsbühl in den meisten Bäckereien,
Konditoreien und Cafés eingekauft werden.

Süße Sünden aus Franken

Gebäck zum Fasten oder Feiern

Man nehme Eier und Mehl, Butter und – nein, nicht Salz, sondern Zucker, Sahne und Zwetschgen- bzw. Kirschschnaps (oder Schnapsaroma) und verknete das Ganze zu einem Teig. Danach schneide man mithilfe eines Teigrädchens gleichmäßige Streifen aus der Masse – jetzt dauert es nicht mehr lange, und das kugelrunde Werk ist vollbracht: Seit mehr als 400 Jahren kennt und schätzt man in der hohenlohischen wie in der fränkischen Region die auf diese Weise zubereiteten Rothenburger Schneeballen. Bereits im Mittelalter servierte man sie vor allem zu Hochzeiten und anderen festlichen Anlässen sowie als Fastengebäck. Heute gibt es die süßen Sünden das ganze Jahr über. In der Grundform werden sie in Spezialglocken (Backform) eingelegt und in einem hochwertigen Frittierfett ausgebacken, in Kristallzucker gewälzt sowie mit Puder- oder Zimtzucker bestreut.

Dass sich das Ganze noch vielfältig variieren lässt, davon kann man sich in der Traditionsbäckerei Walter Friedel in Rothenburg überzeugen. Dort serviert man neben den mit Zimt- oder Puderzucker bestreuten Original Rothenburger Schneeballen noch die – als Begriff geschützten, nur hier oder über Vertriebspartner der Bäckerei erhältlichen – Tauberkugeln®: Sie werden mit verschiedenen Füllungen und unterschiedlichen Glasuren in den Geschmacksrichtungen Nougat-Creme, Marzipan, Eierlikör-Marzipan, Amaretto-Marzipan, Vanille, Zartbitter, Nuss, Mandel, Krokant und Kokos angeboten. Sowohl die Original Rothenburger Schneeballen als auch die Tauberkugeln® gibt es zusätzlich in einer »Mini-Version«, und wer diese süßen fränkischen Köstlichkeiten gern verschenken möchte, bekommt sie auch in einer hübschen Geschenkdose als Verpackung.

Wo: Bäckerei Friedel, Markt 8, Tel. 0 98 61/78 18
Wann: Mo–Sa 6–18, So 10–18 Uhr
Web: www.original-rothenburger-tauberkugeln.de

Wo: Bäckerei Striffler, Untere Schmiedgasse 1, Tel. 0 98 61/67 88
Wann: Mo–Fr 7–18, Sa 6.30–18, So 11–18 Uhr
Web: www.strifflerei.de

Restaurant Eisenhut

30

Rothenburg ob der Tauber

Die Herrngasse war im Mittelalter das Zentrum der Freien Reichs-stadt Rothenburg. Hier residierten die Patrizier, die mächtigsten und reichsten Bürger der Stadt. Ein Ensemble aus vier Patrizierhäusern aus dem 15. und 16. Jahrhundert bildet heute das Hotel Eisenhut. Gäste aus aller Welt genießen das historische Ambiente – und die köstlichen Kreationen von Küchenchef Christian Weinhold im ho-teleigenen Gourmetrestaurant. Als »Eisenhut-Klassiker« führt die Speisekarte ein Kotelett vom Schwäbisch-Hällischen Landschwein mit Kartoffelsalat. Großen Anklang findet auch der rosa gebratene Rehrücken an Cassis-Sauce, garniert mit gebratenen Pilzen, glacier-tem Herbstgemüse und getrüffelten Maronencrêpes (ab zwei Personen). Dazu gibt es eine große Auswahl regionaler Weine.

Wo: Herrngasse 3–5/7, Tel 0 98 61/70 50
Wann: tägl. 12–14.30 und 18.30–21.30 Uhr
Web: www.eisenhut.com
Karte: B 2

Weingut Glocke

Rothenburg ob der Tauber

Wo heute »die Glocke« steht, am weltberühmten Plönlein im Herzen der Rothenburger Altstadt, befand sich im Jahr 1227 das »Hospital St. Johannis des Täufers«. Später wurde aus dem Spital eine Herberge, dann ein Gasthof und ein Hotel. Immer dabei: die bronzene (Spitals-)Glocke. Heute dient sie dem Weingut wie dem Restaurant und dem Hotel als Namensgeber. Das sorgt für Synergien: In den gemütlichen Stuben des Restaurant Glocke kredenzt man den – gern auch gleich im komfortablen Hotel Glocke nächtigenden – Gästen die besten Tropfen des Weinguts Glocke. Letztere werden an den südlichsten Weinbergen Frankens angebaut, von denen sich einer gleich direkt unterhalb der Stadtmauer in Richtung Tauber ausbreitet. Ein Lehrpfad führt nicht nur an 160 verschiedenen Rebsorten vorbei, sondern auch zu zwei künstlerisch gestalteten, Main und Tauber symbolisierenden Bronzefiguren. Zurück im Restaurant kann man sich an im besten Sinne bürgerlichen Spezialitäten erfreuen. Dazu zählen im Weinessig eingelegte Saure Nierle oder Blaue Zipfel – im Zwiebel-Essig-Sud gegarte fränkische Bratwürste. Auch für die Rindsrouladen oder den Sauerbraten mit Kartoffelklößen lohnt sich der Weg. Und für die leckeren Frankenweine (und Frankensekte) sowieso. Wer länger bleiben möchte, sollte die Arrangements »der Glocke« studieren. Unter der Überschrift »Ins Land der Franken fahren …« werden zwei Übernachtungen im Doppelzimmer mit Frühstück angeboten. Dazu gehören ein jahreszeitlich ausgerichtetes Fünf-Gänge-Menü und ein fränkisches Kirchweihessen (drei Gänge), eine Frankenweinprobe (ab acht Personen im Holzfasskeller) und eine Stadtführung mit Eintritt ins Kriminalmuseum. »Gast im Weingut an der Tauber ganz oben« heißt ein weiteres Arrangement, das ebenfalls zwei Übernachtungen mit Frühstücksbuffet umfasst. Hinzu kommen ein Willkommenstrunk, ein Fränkisches Winzermenü (drei Gänge und ein Viertelliter Eigenbauwein), ein Kirchweihessen (drei Gänge), eine Frankenweinprobe und ein Spaziergang durch die Rothenburger Weinberge mit Eintritt ins Reichsstadtmuseum.

Wo: Plönlein 1,
Tel. 0 98 61/95 89 90
Wann: tägl. ab 11, So 11–14 Uhr
Web: www.glocke-rothenburg.de
Karte: B 2

Marillen-
Likör 20,5%
100ml 2,45

Mühsames Zusammen-
suchen von Spezialitäten aus
unterschiedlichen Shops hat
ein Ende. Im Regionalkiosk
gibt es alles aus einer Hand
online zu bestellen.

Genuss per Internet

Köstlichkeiten vom Regionalkiosk

Wie schmeckt Ingwerschnaps? »Unvergleichlich«, sagen diejenigen, die ihn schon einmal probiert haben. Wer sich selbst einen Eindruck machen möchte: Für regionale Spezialitäten wie diese ist der Onlineversand Regionalkiosk die richtige Adresse. Rund 50 kleinere und größere Lebensmittelerzeuger aus dem Fränkischen und dem angrenzenden Baden-Württembergischen bieten über diesen Versand ihre Produkte im Internet an. Die meisten sind in den üblichen Supermärkten nicht zu bekommen, nur einige Hersteller verkaufen ihre Produkte zusätzlich auch in ihrem Hofladen oder auf Wochenmärkten. Die Produktpalette umfasst die verschiedensten Delikatessen: Essig, Balsamico und Speiseöl, Fruchtsäfte, Fruchtsirup, Fruchtaufstrich und Honig, Pasta, Senfspezialitäten, Soßen, Spirituosen und Liköre, Wein und Sekt, Wurst und Fleisch sowie Vegetarisches. Außerdem gibt es auch das berühmte »Zwickel«, das offizielle Bier der Romantischen Straße. Auch größere Firmen wie die Becksteiner Winzer und die Schwäbisch-Hällische Erzeugergemeinschaft sind Mitglieder im Regionalkiosk. Erstere ist die am 31. August 1894 von 18 Becksteiner Winzern gegründete drittälteste Winzergenossenschaft Badens, der heute 354 Mitglieder aus rund 20 umliegenden Weinorten angehören (siehe auch S. 24). Als Schutzpatron verehrt man in Beckstein St. Kilian, der vor über 1300 Jahren als Missionar durch diese Region zog. Nach ihm wurde auch die Premiumlinie der Winzergenossenschaft benannt: KILIAN-Weine aus den vier Toplagen der Region – Becksteiner Kirchberg, Gerlachsheimer Herrenberg, Marbacher Frankenberg und Dittwarer Ölkuchen.

Die Schwäbisch-Hällische Erzeugergemeinschaft, ein Zusammenschluss regionaler Landwirte, ist bekannt für das Schwäbisch-Hällische Landschwein, eine alte, ohne Mastmittel großgezogene Hausschweinrasse. »Bei unseren Fleischprodukten ist artgerechte Tierhaltung das Wichtigste«, versichert Thomas Messner, Geschäftsführer des Regionalkiosks, in diesem Zusammenhang. Er kennt jeden Erzeuger persönlich, weiß, woher die Produkte stammen und wie sie verarbeitet werden. So gewährleistet er, dass sein Onlineversand eine Bezugsquelle für die besten regionalen Köstlichkeiten bleibt.

Web: www.regionalkiosk.de

Brennerei Frankenhöhe
Schillingsfürst

Wer die Romantische Straße bereist, der wird in der Gegend um Schillingsfürst die vielen Streuobstwiesen bemerken. Unter besten Bedingungen gedeihen hier unterschiedliche Obstsorten, die in der Schnapsbrennerei Frankenhöhe zu Destillaten verarbeitet werden. Die Erträge sind von Jahr zu Jahr unterschiedlich: So mancher verregnete Sommer machte dem Inhaber Friedrich Leiblein schon einen Strich durch die Rechnung. Aber: »Qualität geht vor Quantität«, versichert der engagierte Schnapsbrenner. Und der Erfolg gibt ihm recht. Seine Eichenfässer lagert er direkt unter der Kirche. Dass der liebe Gott dabei seine Hand im Spiel haben könnte, ist nicht anzunehmen, aber tatsächlich schmecken die Destillate geradezu himmlisch.

Wo: Rothenburger Str. 1,
Tel. 0 98 68/95 00
Wann: tägl. ab 8 Uhr, Restaurant tägl. 11.30–14 und 18–20.30 Uhr
Web: www.brennerei-frankenhoehe.de
Karte: B 3

Landgasthof Schwarzer Adler
Unteroestheim bei Schillingsfürst

Der Landgasthof am Fuß der Frankenhöhe ist seit vier Generationen im Besitz der Familie Wildermann. Das im Gasthof servierte Schweinefleisch stammt zum Großteil aus eigener Aufzucht, das Rindfleisch bezieht man von bäuerlichen Betrieben aus der Region, die Wildspezialitäten kommen aus der eigenen Jagd; außerdem gibt es eine eigene Obstbrennerei. Wie sehr die Familie auf die Qualität der Produkte achtet, spiegelt sich in den Gerichten der Speisekarte wider. Stammgäste schwärmen nicht zuletzt von den liebevoll selbst gemachten Knödeln, die in diesem Landgasthof etwa mit fränkischem Sauerbraten, Rehbraten, Kalbshaxe oder Wildschweinbraten auf den Tisch kommen.

Wo: Würzburger Straße 8,
Tel. 0 98 68/8 45
Wann: tägl. 8–23 Uhr, warme Küche 11.30–14 und 18–21 Uhr
Web: www.landgasthof-schwarzeradler.de
Karte: B 3

Veranstaltungen rund ums Jahr

FEBRUAR

★ Pferdemarkt in Creglingen

Seit über 80 Jahren ist der zweite Mittwoch im Februar in Creglingen den Paarhufern gewidmet. Um die 160 Pferde – darunter auch Esel – sind dann die »Helden der Show«. Kochbuden und Stände sorgen dafür, dass nach der Prämierung der Vierbeiner niemand mit leerem Magen nach Hause gehen muss.

www.creglingen.de

MAI

★ Weindorf Würzburg

Die Hauptstadt des Frankenweins feiert jedes Jahr ab Ende Mai für zehn Tage den fränkischen Wein und seine 1200-jährige Anbautradition. Gastronomen, Bäcker, Metzger und Hoteliers geben sich mit den Winzern der Region ein Stelldichein. Dutzende Wirte kochen auf und präsentieren ihre individuellen Spezialitäten und ausgesuchte Weine.

www.weindorf-wuerzburg.de

★ Meistertrunk in Rothenburg

Alljährlich zu Pfingsten verwandelt sich Rothenburg ob der Tauber in eine Stadt wie zur Zeit des Dreißigjährigen Krieges. Der Marktplatz wird dann zum Heerlager und die historisch gewandete Bevölkerung feiert zusammen mit zahlreichen Gästen und Besu-

Historisches Volksschauspiel und überregionales Event: der Rothenburger Meistertrunk.

chern den Bürgermeister, der die Stadt 1631 mit seiner Trinkfestigkeit (es galt drei Viertelliter Frankenwein in einem Pokal in einem Zug zu leeren) vor der Zerstörung bewahrte.

....

www.meistertrunk.de

JUNI

★ Weinfest in Alt-Lauda
Ein besonders uriges Weinfest, das immer am zweiten Juni-Wochenende stattfindet. An Weinständen, in Lauben, Hinterhöfen und Kellergewölben können neue Weine und regionale Köstlichkeiten probiert werden.

....

www.lauda-koenigshofen.de

★ Frankenfestspiele in Röttingen
Ende Juni fällt der Startschuss zu dem Bühnenspektakel auf Burg Brattenstein, das bis in den August hinein hochklassige Aufführungen im Angebot hat – von Operette über Musical bis zu klassischen Theaterstücken.

....

www.frankenfestspiele.de

JULI

★ Altstadtfest Tauberbischofsheim
Jährlich am ersten Juli-Wochen-

ende (Freitag bis Sonntag) herrscht im Ort der Ausnahmezustand. Das musikalisch und kulinarisch umrahmte Altstadtfest beginnt mit dem Umzug der Vereine, gefolgt vom Fassanstich des eigens dafür gebrauten Altstadtfest-Biers.

....

www.tauberbischofsheim.de

AUGUST

★ Rothenburger Weindorf
Einmal im Jahr, Mitte August, verwandelt sich der Grüne Markt in der Altstadt für vier Tage in das Rothenburger Weindorf. Lokale gastronomische Betriebe und Winzer servieren dann fränkische Qualitätsweine und hiesige Spezialitäten. Dazu wird ein abwechslungsreiches Begleitprogramm ausgewählter Bänkelsänger geboten, die (auf Bänken stehend) erzählende Lieder vortragen.

....

www.tourismus.rothenburg.de

AUG./SEPTEMBER

★ Kirchweihfeste
Wenn Anfang September in Weikersheim und Schillingsfürst die »Kärwe« bzw. »Kerwa« gefeiert wird, will keiner daheim bleiben. Das liegt nicht zuletzt an den vielen kleinen Leckerbissen, die dann an den Ständen zum Ver-

So zahlreich wie die Weinlagen im Fränkischen Weinland sind auch seine Weinfeste – jeder Winzerort feiert sein eigenes Fest.

zehr angeboten werden. Aber auch das Rahmenprogramm, angefangen bei Attraktionen wie Autoscooter, Kinderkarussell, Platzkonzerten der hiesigen Kappellen oder Oldtimer-Paraden, lockt Gäste aus nah und fern an.

www.weikersheim.de,
www.schillingsfuerst.de

★ Weinparade in Würzburg

Ab Ende August dreht sich auf dem Würzburger Marktplatz zehn Tage lang alles um den Wein. Gäste und Einheimische genießen ausgewählte Tropfen der lokalen Weingüter, dazu deftige Spezialitäten, regionale Klassiker und kreative Überraschun-gen aus der fränkischen Küche.

www.weinparade.de

SEPT./OKTOBER

★ Krämermarkt
Bad Mergentheim

Süßes, Tee, Gewürze und Gemüse, Bürsten und Lederwaren, Schmuck, Uhren oder Spielwaren: Der historische Markt findet immer an einem verkaufsoffenen Sonntag Ende September oder Oktober statt und geht urkundlich auf Kaiser Ludwig den Bayer und das Jahr 1340 zurück.

www.bad-mergentheim.de

Im Wörnitztal schmiegt sich das pittoreske Städtchen Harburg an den Burgberg. 100 Meter darüber thront sie, die Harburg.

Burgen, Kirchen, Küchenzauber

Mit jedem Kilometer, den man auf der Romantischen Straße zurücklegt, wächst der hoffnungsvolle Glaube an eine heile Welt. Das mag sich etwas naiv anhören, aber inmitten blühender Wiesen, munterer Bäche und zauberhafter Orte lässt sich dieses Gefühl nicht abschütteln. Städte wie Feuchtwangen, Dinkelsbühl, Wallerstein, Nördlingen, Harburg, Donauwörth oder Rain zeigen, wie traditionsbewusst und variantenreich Stadtbilder sein können. Nichts wiederholt sich, jeder Ort hat seine unverwechselbare Handschrift, seine eigene Seele. Feuchtwangen etwa, die Festspielstadt an der Sulzach, in der jeden Sommer der historische Kreuzgang zur Bühne großer Inszenierun-

gen wird, blickt auf eine über 1000-jährige Stadtgeschichte zurück. Für das moderne Feuchtwangen steht die jüngste Spielbank Bayerns mit ihrer futuristischen Architektur. Ein anderes Beispiel der Einzigartigkeit ist Dinkelsbühl und sein charakteristisches Stadtbild. Der nahezu vollständig erhaltene Mauerring mit Türmen und Toren umschließt eine der am besten erhaltenen mittelalterlichen Städte Deutschlands. Erstaunlich, dass die Stadt im Dreißigjährigen Krieg (1618–1648) nicht schlimmer zerstört wurde, obwohl sich hier die katholisch-kaiserlichen und evangelisch-schwedischen Besatzer gleich acht Mal die Klinke – oder besser gesagt: die Schlüssel der Stadttore – in die Hand gaben. Weit größeren Flurschaden richtete eine Naturkatastrophe an, die sich hier vor rund 14,5 Millionen Jahren ereignet hat: Damals war ein Meteorit von gut einem Kilometer Durchmesser auf die Erde zugerast und mit einer Geschwindigkeit von über 70 000 Stundenkilometern in Albhochfläche aufgeprallt. Durch die Explosion wurden über 150 Kubikkilometer Gestein ausgeworfen. Nahezu jegliches Leben im Umkreis wurde schlagartig ausgelöscht. So entstand das heutige Ries mit 25 Kilometern Durchmesser sowie das Steinheimer Becken. Das nahezu kreisrunde flache Becken hebt sich auffällig von der hügeligen Landschaft der Schwäbischen und Fränkischen Alb ab. Von umliegenden Höhenzügen aus hat man nicht nur die beste Aussicht auf die spektakuläre Formation, sondern überblickt auch das gesamte Stadt-Land-Fluss-Ensem-

ble der Umgebung sehr schön. Nördlingen ist umgeben von Deutschlands einziger vollständig erhaltener und rundum begehbarer Stadtmauer. Im Umland der Stadt erstreckt sich das größte zusammenhängende Fließgewässer Süddeutschlands (siehe Spezial Seite 62/63) und macht diese Region zu einem Paradies für Wassersportler und Angler. Kanufahrer auf der Wörnitz oder der Donau mögen bisweilen das Gefühl haben, dass die Petrijünger hier an den Ufern Spalier stehen.

Genuss ohne Reue

Über die Artenvielfalt an Fischen freuen sich aber nicht nur die Sportangler, sondern auch die Gäste der Restaurants und Gasthäuser der Region. An der Mündung der Wörnitz in die Donau liegt die ehemals Freie Reichsstadt Donauwörth mit einer prachtvollen Reihe imponierender Patrizierhäuser, einst ent-

Berühmte Attraktion mit Türmen und Giebeln: Dinkelsbühls vollständig erhaltene Altstadt.

Typisch schwäbisch: Maultaschen mit geschmolzenen Zwiebeln.

standen aus einer winzigen Fischersiedlung auf der Wörnitzinsel »Ried«.

So wie hier jede Stadt ihr unverkennbares »Markenzeichen« hat, identifiziert sich jede Regionalküche mit einem bestimmten Gericht oder Produkt. Sind es in Franken die Bratwürste, so wird in der Region zwischen Ries und Donau gerne die schwäbische Küche mit Maultaschen und Spätzle assoziiert – als Beilage oder Hauptspeise einfach immer ein Genuss. Die klassischen Maultaschen enthalten eine Füllung aus Hackfleisch, Spinat, Zwiebeln, eingeweichtem »Wegga« (Brötchen) und Gewürzen. Sie werden mit Brühe gegessen oder mit zerlassener Butter serviert. Mehl, Eier und Wasser – mehr braucht es nicht für die Zubereitung der Spätzle (oder Knöpfle, je nach Form), ob vom Holzbrett ins kochende Wasser geschabt oder durch ein Spätzlesieb gedrückt. Sie können mit Linsen serviert werden, lassen sich zu Käse- oder Wurstspätzle veredeln, kommen sogar als Süßspeise auf den Teller und machen auch ein einfaches Stück Fleisch zu einem Festmahl.

Der absolute Klassiker darf in gutbürgerlichen Gasthäusern aber nicht fehlen: der Zwiebelrostbraten, mit einem Berg Röstzwiebeln, Spätzle und einer kräftigen Bratensoße. Auch der Sauerbraten ist eine feste Größe in der schwäbischen Küche, allerdings ohne Rosinen, wie er im Rheinland geschätzt wird. Und über ihren Kartoffelsalat lassen die schwäbischen Köche schon dreimal nichts kommen: Saftig, aber nicht matschig muss er sein!

Sehenswertes in der Region

★ **Bayerisches Eisenbahn-museum Nördlingen**
Auf dem Gelände eines stillge-legten Bahnbetriebswerk sind über 100 historische Dampf-, Diesel- und Elektrolokomoti-ven sowie Nebenfahrzeuge, Draisinen und Triebwagen zu bestaunen. Einige Loks dürfen auch von innen besichtigt werden.
www.bayerisches-eisenbahn museum.de

★ **Burg Harburg**
Sie zählt zu den größten und am besten erhaltenen Burganlagen Süddeutschlands. Mächtig thront die Harburg aus dem 12. Jahrhundert hoch über dem gleichnamigen Ort an der Wörnitz. Das Anwesen geriet seinerzeit in die Schlagzeilen, als bekannt wurde, dass sich Popstar Michael Jackson für den Kauf interessiert hatte.
www.stadt-harburg-schwaben.de

★ **Fürstliches Brauhaus Wallerstein**
Seit über 400 Jahren wird im Hause Wallerstein Bier gebraut. Was genau in die traditionsreichen Braukessel hineinkommt, wird dem Gast in Form von täglichen Bier-führungen schmackhaft vor Augen geführt. Wer es nicht ins Schloss schafft, bestellt die Wallerstein-Produkte online unter www.regionalkiosk.de
www.fuerst-wallerstein.de

★ **Käthe-Kruse-Puppen-Museum Donauwörth**
Die Sammlung der Kult-Pup-pen und Figurinen aus rund 100 Jahren ist im ehemali-gen Kapuzinerkloster von Donauwörth untergebracht und kann ganzjährig besichtigt werden. Dazu gibt es einen Kurzfilm zur Lebensgeschichte der bemerkenswerten Künst-lerin und Namensgeberin.
www.donauwoerth.de

★ **Museum 3. Dimension Dinkelsbühl**
Viele werden ihren Augen nicht trauen, wenn sie in die Welt der Holographie, 3-D-Fotografie, optischen Illusionen und Vexierbilder eintauchen. Die Verfahren und Phänomene, die seit dem Mittelalter zur Rekonstruk-tion der Tiefe des Raumes eingesetzt wurden, werden hier eindrucksvoll erklärt und vorgeführt.
www.3d-museum.de

Zunftstube des Zuckerbäckers
Feuchtwangen

Feuchtwangen ist ein Schatzkästchen an architektonischen Zeugnissen reichsstädtischer Vergangenheit, Überbleibseln klösterlichen Schaffens und bürgerlichen Lebens im Mittelalter. Auch die Handwerkerstuben im Westflügel des romanischen Kreuzgangs sind sehenswerte Zeugen diese Zeit. Dort befinden sich sechs historische Arbeitsstätten, die besichtigt werden können: Blaufärber, Weber, Zinngießer, Töpfer, Schuster und Zuckerbäcker. »Feuchtwangens süße Seiten« heißt eine Gruppenführung, bei der man Einblicke in das Handwerk des Zu-

ckerbäckers erhält. Teilnehmer staunen über die vielen Werkzeuge, mit denen die feinen, den entbehrungsreichen Alltag versüßenden Leckereien wie Torten, Schokolade, Marzipan, Speiseeis oder Bonbons einst hergestellt wurden und dürfen am Ende auch die eine oder andere Pralinenspezialität probieren.

> **Wo:** Gruppenführung (ab 20 Personen) durch eine historische Handwerksstube mit Verkostung
> **Wann:** nach Vereinbarung
> **Web:** www.feuchtwangen.de
> **Karte:** B 3

Gasthof Zum Grünen Wald
Thürnhofen bei Feuchtwangen

Frischer geht's nicht: Wer im fünf Kilometer östlich von Feuchtwangen gelegenen Gasthof Zum Grünen Wald ein Fischgericht bestellt, der kann davon ausgehen, dass der köstlich zubereitete Fisch auf seinem Teller aus dem nahen Hofweiher stammt. Darin tummeln sich die prächtigsten Waller, Zander, Hechte, Schleien, Karpfen, Grasfische oder Welse. Petrijünger mit einem gültigen Fischereischein dürfen gerne

selbst die Route auswerfen. Neben Fisch serviert man im Gasthof fränkische Spezialitäten wie Bratwürste oder Sauerbraten.

> **Wo:** Thürnhofen 28, Tel. 0 98 55/9 79 70
> **Wann:** Di–Sa ab 17.30, So 10–13.30 und ab 17 Uhr (Mo nur für Hausgäste 18.30 bis 19.30 Uhr geöffnet)
> **Web:** www.braeutigam-pension.de
> **Karte:** B 3

36

Gasthaus Sindel-Buckel
Feuchtwangen

Die täglich wechselnde Speisekarte der Traditionsgaststätte am ehemaligen Spitaltor sorgt regelmäßig für Überraschungen. Jeweils zur passenden Jahreszeit frisch werden Wild und Geflügel, Schweine, Rinder, Kälber, Schafe, Hechte, Schleien, Zander, Pilze, Kürbisse, Salate, aber auch Marmeladen, Kräuter und Würste zubereitet. Die Familie Sindel betreibt auch eine Karpfenzucht und geht selbst auf die Jagd. Dementsprechend gerne kehren die Gäste in der alten Wirtsstube, im großen Saal, im Wintergarten oder im Biergarten ein. Wer mag, kann im Karpfenhotel gleich nebenan auch übernachten.

Wo: Spitalstr. 28, Tel. 0 98 52/25 94
Wann: tägl. 10–24, Küche 11.30–13.50 und 17.30–20.50 Uhr (außer Mi abends)
Web: www.sindel-buckel.de
Karte: B 3

37 Café am Kreuzgang
Feuchtwangen

Seit einem halben Jahrhundert verwöhnt die Konditormeister-familie Karg in ihrem Café am Kreuzgang ihre Kunden mit sü-ßen Herrlichkeiten aus eigener Produktion. Für viele Einheimi-sche ist das schöne Fachwerk-haus wie ein zweites Wohnzim-mer geworden. Mittags werden wechselnde Tagesgerichte, Kö-niginpasteten oder Bratwürste ser-viert. Besonders stolz ist die Fa-milie auf Juniorchefin Michaela Karg, die vor einigen Jahren bei den »World Chocolate Masters« in Paris mit einer kunstvollen Kreation im Stil einer Schneider-puppe den dritten Platz belegte.

Wo: Marktplatz 3,
Tel. 0 98 52/23 87
Wann: Di–Sa 8–23, So 10–23
Uhr, Okt.–März Sa und So nur bis
18.30 Uhr
Web: www.cafeamkreuzgang.de
Karte: B 3

38 Hotel Deutsches Haus
Dinkelsbühl

In diesem pittoresken Patrizier-haus legt man Wert auf die Tra-dition anspruchsvoller Gastlich-keit, die im Jahr 1575 mit dem damaligen Hausherren Peter Drechsel, einem Wirt und Met-sieder, begründet wurde. Im heu-tigen 3-Sterne-Hotel und in dem hauseigenen Altdeutschen Res-taurant kümmert sich nun die Familie Kellerbauer um das Wohl der Gäste. Florian Keller-bauer setzt auf moderne fränki-sche Küche, deren Güte in der Komposition lokaler Lebensmit-tel liegt. Zu den Klassikern zählt Bestes vom Hesselberg-Lamm mit Aromen von Bockshornklee und Zitronen. Wie sehr das Gan-ze auch dem anspruchsvollsten Gast mundet, verrät das Lob des Gastronomiepapstes Wolf-ram Siebeck: »Das Altdeutsche Restaurant ist nichts Geringeres als der Beweis, dass Qualität auch unterhalb der besternten Kunst-Küche möglich ist. Und um nicht als Gourmetküche aufzufallen, sind die Preise nicht höher als in anderen Dinkelsbühler Lokalen.«

Wo: Weinmarkt 3,
Tel. 0 98 51/60 58
Wann: tägl. 12–14 und 18–22 Uhr
Web: www.deutsches-haus.net
Karte: B 3

39 Hotel Weißes Roß
Dinkelsbühl

Das Weiße Roß ist ein direkt im Zentrum von Dinkesbühl gelegenes Hotel, mit Zimmern in einer denkmalgeschützten ehemaligen Scheune und einem seit mehr als 100 Jahren auch als Treffpunkt von Künstlern beliebten Restaurant. Es liegt in einer Seitenstraße hinter dem Neuen Rathaus. Die schwarz getäfelte Jugendstilgaststube des Restaurants zählt zu den schönsten in ganz Nordbayern. Teile der Außenmauer gehören zur älteren Stadtbefestigung und sind über ein halbes Jahrtausend alt. Bereits in dritter Generation wahrt die Inhaberfamilie Neuhäuser die gewachsene Tradition des Hauses. In der Küche versteht man sich auf authentische, ver-

feinerte Regionalgerichte. Was hier auf den Tisch kommt, wird nach bewährten Rezepten tagesfrisch zubereitet: Waller mit Rahmsauerkraut etwa oder Karpfen gebacken nach Dinkelsbühler Art. Das Fleisch stammt von Lieferanten aus der unmittelbaren Umgebung. Eine besondere Empfehlung ist das Bœuf à la Mode mit Semmelknödel. Interessant: ein Blick in die alten Gästebücher, in denen sich etliche Künstler verewigt haben.

Wo: Steingasse 12,
Tel. 0 98 51/57 98 90
Wann: tägl. 11.30–14 und 18 bis 22 Uhr (im Winter Do Ruhetag)
Web: www.hotel-weisses-ross.de
Karte: B 3

Fürstliches Brauhaus und Biergarten
Wallerstein

40

Wir schreiben das Jahr 1598: In Russland steigt Boris Godunow auf den Zarenthron, mit dem Edikt von Nantes erhalten die Hugenotten die volle Religionsfreiheit, in Bayern regiert Kurfürst Maximilian I. Und nicht zuletzt nimmt in diesem Jahr auch das Fürstenhaus zu Oettingen-Wallerstein, das auf eine der ältesten deutschen Adelsfamilien zurückgeht, erstmals sein Braurecht wahr. Seitdem werden im Fürstlichen Brauhaus mit Sitz auf dem mittelalterlichen Burgareal in Wallerstein Bierspezialitäten gebraut – nach traditioneller, über die Jahrhunderte immer weiter verfeinerter Handwerkskunst sowie mit hochwertigen Hopfen und Malzen aus der Region.

Die hervorragenden Verbindungen der gräfischen Familie zum bayerischen Königshaus bestanden weiter. Fürst Ludwig zu Oettingen (1791–1870) war Innen-

die Bekömmlichkeit gleichermaßen zu gewährleisten.

Eine der historischen Spezialitäten des Fürstlichen Brauhauses ist das »Zwickel«, ein unfiltriertes, bernsteinfarbenes Kellerbier mit leichter Hefenote und vollmundigem Geschmack. Schön anzusehen ist auch die Flasche mit dem Bügelverschluss und dem Bild von Schloss Neuschwanstein, dem Wahrzeichen der Romantischen Straße, auf dem Etikett. Eine Führung durch das Fürstliche Brauhaus, bei der die Herstellung der Biere Schritt für Schritt erläutert wird, lohnt sich am Ende immer – nicht nur wegen der Bierprobe mit kleiner Brotzeit, sondern auch wegen des anschließenden Aufstiegs auf den Panoramaturm und der grandiosen Aussicht über das Ries. Auch vom Biergarten am Wallsteiner Felsen aus ist die Aussicht nicht schlecht. Wenn dann noch im Sommer die Musikanten zünftig aufspielen, munden die hauseigenen Bierspezialitäten ganz besonders gut. Und: Nach bester alter bayerischer Biergartentradition darf man sich hier seine Brotzeit zum Bier auch gern selbst mitbringen.

minister unter König Ludwig I. und spielte auf der politischen Bühne im Königreich Bayern eine wichtige Rolle. In der hohen Politik wie beim Bierbrauen blieben die fürstlichen Herren stets dem Leitspruch ihres Hauses verbunden: »Vigilitatia et Fidelitate«, Wachsamkeit und Treue.

Was die hohe Kunst des Bierbrauens betrifft, so gilt bis zum heutigen Tag: Gutes Bier braucht Zeit. Je nach Sorte lagert es vier bis sechs Wochen bei niedrigen Temperaturen in den fürstlichen Kellergewölben. Nur so sind die geschmackliche Vollendung und

Wo: Obere Bergstraße 78, Tel. 0 90 81 / 78 22 20
Wann: Öffnungszeiten des Biergarten tel. erfragen
Web: www.fuerst-wallerstein.de
Karte: B 4

Gasthof Zum Goldenen Löwen
Wallerstein

In unmittelbarer Nachbarschaft des Fürstlichen Schlosses Wallerstein liegt dieses Gasthaus, dessen Geschichte bis ins Jahr 1711 zurückreicht. Mit viel Engagement, Können und Leidenschaft haben die heutigen Wirtsleute Nicole und Klaus Brosi »den Löwen« zu einem gefragten Ziel für Gourmets gemacht. Letztere scheuen auch keine weiten Wege, um in den Genuss der viel gerühmten Hausspezialitäten zu kommen. Dabei lassen die Küchenchefs auch ihre schwäbischen Wurzeln erkennen und überraschen ihre Gäste etwa mit leckeren Maultaschenvariationen (mit Wild, Lachs, Spinat oder Ente). Das Federvieh stammt von einem Rieser Hof und wurde unter besten Bedingungen aufgezogen. Neben den Produkten aus der eigenen Herstellung zählen vegetarische Gerichte und das Schlachtschüsselessen zu den Besonderheiten der Speisekarte.

Wo: Obere Bergstr. 1,
Tel: 0 90 81/2 76 60
Wann: tägl. 11.30–14 und 17.30 bis 21 Uhr, Mo Abend und Di Ruhetag
Web: keins
Karte: B 4

Gasthaus Roter Ochse
Nördlingen

Erich Stelzig kennt die Lieferanten für die besten Produkte der Region: Die Lämmer erhält er von seinem Schäfer im Altmühltal, die Fische kommen aus der Wörnitz und der namengebende Ochse steht nur dann auf der Speisekarte, wenn der Wirt ein Tier zur Verfügung hat, das sich mindestens drei Jahre lang ausschließlich von Grünfutter und Heu ernähren durfte. Serviert wird im Roten Ochsen tatsächlich nur das, was gerade in der geforderten Qualität regional aus biologisch kontrollierter natürlicher Aufzucht zu bekommen ist. »Man muss nicht immer alles da haben«, versichert der Chef. »Aber ein gutes Schnitzel, das schmeckt, wie's schmecken soll, gibt es bei uns natürlich immer.«

Wo: Baldinger Straße 17,
Tel. 0 90 81/34 84
Wann: tägl. 10–22 Uhr
Web: www.rochse.de
Karte: B 4

Wirtshaus Meyers Keller

Nördlingen

43

Ein Haus, zwei Konzepte – vereint im gemeinsamen Credo: Leidenschaft. Letztere gilt der »Landküche« ebenso wie der »Kreativküche«. Als »Landküche« bezeichnet man hier eine engagierte Regionalküche mit überwiegend lokal gewachsenen Produkten. Zur höchsten Kochkunst veredelt – und mit einem Michelinstern belohnt – wird das Ganze in der engagierten »Kreativküche« des Hauses. Hier könnten sich die Gäste ihr Menü auch selbst aus einem guten Dutzend verschiedener Positionen zusammenstellen, was angesichts erlesener Köstlichkeiten wie Hummer, Rehrücken, Rotbarbe oder Lammkarrée, jeweils mit passenden Beilagen versehen, kein ganz einfaches Unterfangen ist. Zu all dem listet die Weinkarte jede Menge passende Tropfen auf. Probiert haben muss man den »König der Schinken«, den Rieser Culatello Riserva, hausgemacht von Rieser Schweinen, 30 Monate lang in den Kellergewölben des Hauses gereift und mit bestem Olivenöl, Tomatenflocken sowie mit Anchovis gefüllten Oliven serviert.

Wo: Marienhöhe 8, Tel. 0 90 81/44 93
Wann: Mi–So 11.30–14 und 17.30–22 Uhr
Web: www.meyerskeller.de
Karte: B 4

44 Wochenmarkt
Nördlingen

Es liegt etwas in der Luft: ein Gemisch verschiedenster Düfte, eine ganz bestimmte Geräuschkulisse, eine ganz spezielle Energie. Es ist wieder Wochenmarkt in der Stadt Nördlingen! Jeden Mittwoch und Samstag ist dieser sich über die Fußgängerzone und den Marktplatz erstreckende Markt ein fester Bestandteil des hiesigen urbanen Lebens. Einheimische wie Touristen verweilen nach einem ausgedehnten Einkaufsbummel durch die verschiedenen Einzelhandelsgeschäfte gern an den Ständen, feilschen um das frische Obst und Gemüse, lassen sich die jeweiligen Spezialitäten zeigen, riechen an Kräutern und Blumen, plaudern ein bisschen mit den Standbetreibern oder mit den anderen Besuchern und genießen die farbenfroh-turbulente Marktatmosphäre.

Wo: Nördlinger Altstadt
Wann: Mi und Sa 8–14 Uhr (fallen diese Tage auf einen Feiertag, findet der Markt am vorhergehenden Werktag statt)
Web: keins
Karte: B 4

Waldschänke Eisbrunn
Harburg

Was gibt es Schöneres, als sich nach einer erlebnisreichen Wanderung oder einer Radltour mit einer gemütlichen Einkehr zu belohnen? Die Freude ist umso größer, wenn man in einem der schönsten Biergärten Schwabens einkehren kann: Die Fürstliche Waldschänke Eisbrunn mit ihren 800 Sitzplätzen unter freiem Himmel liegt idyllisch in einer Waldlichtung zwischen Harburg, Schaffhausen und Mauren – für durstige und hungrige Spaziergänger die herrlichste Oase der Welt. Bereits seit dem Jahr 1831

genießen Gäste hier bayerische und regionale Schmankerl, dazu werden die guten Bierspezialitäten vom Fürstlichen Brauhaus Wallerstein ausgeschänkt. In der Schmankerlgasse hat der Gast die Qual der Wahl zwischen warmen und kalten Köstlichkeiten.

Wo: Eisbrunn 1,
Tel. 0 90 80/9 23 91 00
Wann: Okt.–März Do–So ab 10,
April–Sept. tägl. ab 10 Uhr,
Di Ruhetag
Web: www.eisbrunn.de
Karte: C 4

Hotel Zu den Drei Kronen
Donauwörth

Das Haus am Rande der Innenstadt zählt zu den besten Adressen von Donauwörth. Im gemütlichen Restaurant serviert man echte bayerisch-schwäbische Küche. Dazu gehören Suppenklassiker wie die Rieser Hochzeitssuppe mit Leberknödel, Bratnockerl und Rieser Knöpfle, Vorspeisen wie die mit Frischkäse, Tomaten und jungem Zwiebellauch gefüllten Kräuter-Palatschinken oder das Duett von Garnelen und Fetakäse in Kartoffelpanade. Neben einheimischen Spezialitäten (et-

wa: gegrilltes Schäufele auf Biersoße mit Kartoffelknödel und Krautsalat) sind auch internationale Kreationen im Angebot. Im Sommer lässt man sich gern im Biergarten nieder, um im Schatten alter Kastanienbäume seine Brotzeitplatte zu genießen.

Wo: Bahnhofstr. 25,
Tel. 09 06/7 06 17- 0
Wann: täglich 7.30 –23,
Sa 7.30–10.30 Uhr
Web: www.hotel3kronen.com
Karte: C 4

Hier ist die Welt noch heil: Fürs echte Anglerglück beginnt der Tag bereits früh im Morgengrauen.

Im Paradies der Petrijünger

Angeln im größten zusammenhängenden
Fließgewässer Süddeutschlands

Donauwörth entstand aus einer kleinen Insel in der Wörnitz, dem jetzigen Ried. Heute erstreckt sich um die – quasi »aus dem Wasser geborene« alte Handels- und Brückenstadt das größte zusammenhängende Fließgewässer Süddeutschlands: das Häpfer'sche Fronfischlehen. Bäche, Flüsse und Seen kennzeichnen die unmittelbare Umgebung. Das macht Donauwörth nicht nur zu einem Anziehungspunkt für Wassersportler, sondern auch zu einer Attraktion für Angler, die sich gern schon früh im Morgennebel am Ufer einfinden, dem Nachbarn ein »Petri Heil« zumurmeln und schweigend auf den richtigen Moment warten ...

Ob Wörnitz oder Donau, Kessel, Zusam, Schmutter, Egelseebach, Lochbach oder Strasser oder der Baggersee Donauwörth Riedlingen – sie alle sind ein intakter Lebensraum für die verschiedensten Fischarten. So tummeln sich hier Aal und Äsche, Bachforelle, Bachsaibling und Barbe, Nerfling und Frauennerfling, Hecht und Huchen, Karpfen, Nase, Orfe, Rapfen, Regenbogenforelle, Rotauge und Rotfeder, Rutte, Schleie, Waller und Zander ... In den Ohren passionierter Fischer klingen alle diese Namen geradezu wie Musik! Als besonderen Service bereiten die Unterkunftsbetriebe mit Restaurant den Fang nach Absprache auch gern für ihre Gäste zu. Voraussetzung für einen erlebnisreichen Angelurlaub ist natürlich ein staatlicher Fischereischein. Bootswanderer, die als Naturliebhaber den Lebensraum Wasser gleichfalls schätzen, sind auf den Fließgewässern um Donauwörth ebenso gut aufgehoben. Auf den zahlreichen Wasserstraßen können Kanu- und Kajakfahrer sportliche Aktivität und Naturgenuss zu erholsamen Ausflügen verknüpfen. Wer nicht selber paddeln will, bucht eine »Historische Zillenfahrt mit den Donauwörther Fischerstechern« (für Gruppen nach Voranmeldung). Auf kleinen, flachen Booten, die ein bisschen an die berühmten venezianischen Gondeln erinnern, unternehmen die Gäste eine romantische Fahrt rund um die Altstadtinsel Ried in Donauwörth. Nach Absprache kann auch eine Bewirtung auf der Zille organisiert werden.

Web: www.donauwoerth.de (mit Links zu den Themen Angeln und Bootsfahrten in der Rubrik »Freizeit-Tipps«)

Geopark Ries kulinarisch
Donauwörth

Vor rund 14,5 Millionen Jahren raste ein gigantischer kosmischer Körper (Asteroid), begleitet von einem nicht minder großen Trabanten, auf die Erde zu. Beide schlugen mit einer Geschwindigkeit von mehr als 70 000 Stundenkilometer auf der Albhochfläche ein und erzeugten zwei Krater mit Durchmessern von über 25 und rund vier Kilometern: das Nördlinger Ries und das Steinheimer Becken. Am Einschlagspunkt entstand ein Druck von mehreren Millionen bar und eine Temperatur von über 20 000 Grad Celsius: Der Asteroid und ein Teil der getroffenen Gesteine verdampften und wurden aufgeschmolzen. Und das ist nur der besonders spektakuläre Auftakt der spannenden Entstehungsgeschichte des Nördlinger Ries. Wer sich umfassender informieren möchte, dem bietet der gleichnamige Geopark Wissenswertes – auch zur besonderen Geologie der Region. Darüber hinaus dürfen sich aber auch Feinschmecker auf »einschlagende Geschmackserlebnisse aus dem Krater« freuen. Die hiesigen Böden und das Klima machten das Ries schon früh zu einer Kornkammer Bayerns. Bereits seit dem 6. Jahrtausend v. Chr. baut man hier Getreide an, um 1800 kamen Hackfrüchte und Futterpflanzen hinzu. Der Rückbesinnung auf die ureigene Küche und die ursprünglichen Produkte der Region hat man sich unter dem Namen »Geopark Ries kulinarisch« verschrieben: Dabei handelt es sich um einen Zusammenschluss mehrerer Gastronomen und Produzenten, die sich auf einen »Ehrenkodex« verständigten, der ein klares Bekenntnis zur naturbelassenen Küche, zur vorwiegenden Verwendung einheimischer Produkte unter strenger Selbstkontrolle beinhaltet und ein klares Nein zur Verwendung von Fertigprodukten oder geschmacksverändernden Zugaben zum Ausdruck bringt. Damit will man »ein deutliches Signal gegen die schleichende Verarmung des regionalen Angebotes durch Gleichmacherei und Austauschbarkeit« setzen: Der Gast soll schmecken können, wo er isst und trinkt, und die unverwechselbare Identität der regionale Küche neu entdecken.

Wo: Geopark Ries, Pflegstr. 2, Tel. 09 06/74 14 0
Wann: ganzjährig
Web: www.geopark-ries.de
Karte: C 4

Dehner Blumen Hotel

Rain

48

Das Dehner Garten Center mit seinen 110 Filialen ist im gesamten deutschen Bundesgebiet (und in Österreich) für seine riesige Pflanzenauswahl bekannt. Weniger bekannt ist die Tatsache, dass dieses erfolgreiche Familienunternehmen seinen Stammsitz in dem kleinen Ort Rain bei Augsburg hat, zu dem nicht nur ein herrlicher Blumenpark, sondern auch das Dehner Blumen Hotel gehören. Dabei handelt es sich um ein 4-Sterne-Haus. Auch kulinarisch betrachtet, muss hier niemand darben: Die Küchenchefs im hoteleigenen Restaurant Rosenstube verwöhnen den Gast mit Verlockungen aus allen Küchen der Welt: Besonders beliebt ist das Amerikanische Bisonsteak, das herrlich zart und saftig gegrillt auf den Teller kommt. Auch das Filet vom neuseeländischen Rind brachte schon manchen Gourmet zum Schwärmen. Stolz darf man zudem auf die 140 edle Tropfen umfassende Weinkarte sein.

Wo: Bahnhofstraße 19, Tel. 0 90 90/7 60
Wann: tägl. 11.30–14 und 18–22, Sonntagsbrunch 11–14 Uhr
Web: www.dehner-blumenhotel.de
Karte: C 4

Veranstaltungen rund ums Jahr

MAI

★ Kreuzgangspiele Feuchtwangen

Bis zu 50 000 Zuschauer erleben jedes Jahr die einmalige Theateratmosphäre im Geviert des romanischen Kreuzgangs, die seit Anbeginn von namhaften Intendanten, bekannten Regisseuren und Schauspielern geprägt wird. Karten: Tel. 0 98 52 / 9 04 44.

www.kreuzgangspiele.de

★ Kunst im Park in Harburg

Am zweiten Sonntag im Mai führen Kunstschaffende im Märker Park vor, was man mit Keramik, Holz und Metall alles anstellen kann. Das Angebot reicht von Schmuck über Schnitzereien zu Gartendekorationen. Ein großer Blumenverkauf stimmt die Besucher auf den Sommer ein. Der Heimatverein Harburg sorgt für das leibliche Wohl.

www.stadt-harburg-schwaben.de

JUNI

★ Donauwörther Inselfest

Die Fischerstecher haben in Donauwörth eine lange Tradition. Das Fest zu ihren Ehren ist auch eine Hommage an die Ursprünge der Stadt, die zur Zeit der Völkerwanderung nur eine kleine Inselsiedlung war. Der Schauplatz der Veranstaltung liegt rund um die Altstadtinsel Ried.

www.donauwoerth.de

JULI

★ Dinkelsbühler Kinderzeche

Bei dem historischen Heimatfest dreht sich alles um eine rührende Begebenheit während des Dreißigjährigen Krieges: Eine Gruppe von Kindern, angeführt von der Kinderlore, schaffte es, die schwedischen Belagerer davon abzuhalten, die Stadt Dinkelsbühl zu zerstören und auszuplündern.

www.kinderzeche.de

★ Rainer Stadtfest

Jedes Jahr verwandelt sich an einem Wochenende Anfang Juli die Rainer Hauptstraße vom Schwabentor bis zum Bayerntor in einen großen, geselligen Bier- und Genussgarten, in dem die Gäste mit vielen kulinarischen Schmankerln verwöhnt werden.

www.rain.de

OKT./NOV.

★ Fisch-Erntewoche Dinkelsbühl

Die Gegend um Dinkelsbühl ist eines der großen Herkunftsgebiete des Karpfen. Das Abfischen der Weiher, die traditionelle Fisch-Ernte Ende Oktober, hat sich zu einem kulinarischen Fest gemausert, bei dem sich (fast) alles um den Fisch dreht. Die lokalen Gastronomen übertrumpfen sich dabei mit neuen und traditionellen Zubereitungen von Karpfen, Zander, Waller & Co. Die lokalen Touristiker bieten in dieser Zeit verschiedene attraktive All-inclusive-Arrangements.

www.dinkelsbuehl.de

NOV./DEZ.

★ Weihnachtsmarkt Nördlingen

Romantischer geht es (fast) nicht: Der Weihnachtsmarkt in Nördlingen ist zur Adventszeit die beste Adresse für besinnliche Ausflüge und Einkäufe. Er zählt zu einem der schönsten und größten Märkte dieser Art in Schwaben. Die Straßen sind dann dicht an dicht gesäumt von Buden für Weihnachtsschmuck, Kunsthandwerk, Glühweinausschank und sonstigen verführerischen Leckereien (geöffnet So–Do von 11–19, Fr–Sa 11–20 Uhr).

www.noerdlingen.de/ Romantischer-Weihnachtsmarkt

Dinkelsbühler Fischwochen: Besonders groß ist die Auswahl gegen Ende Oktober.

Klosterkunst und Bauerntisch

Die Romantische Straße mag zwar Deutschlands älteste Ferienstraße sein. Doch auf ihrem südlichen Abschnitt zwischen Donau und Füssen folgt sie über weite Strecken der alten Römerstraße Via Claudia Augusta, die den süddeutschen Raum mit Italien verband. Sie wurde zu einem der wichtigsten Handelswege Europas und für die Städte entlang der Route zu einem Schlüssel für regen wirtschaftlichen Aufschwung und Wohlstand.

Am cleversten hat Augsburg diesen strategischen Vorteil für sich genützt und erblühte unter der Herrschaft der beiden mächtigen Dynastien, der Fugger und Welser, zu einem florierenden Finanz- und Handelszentrum mit zahlreichen Prachtbauten, wie das Renaissance-Rathaus oder der Dom. Alleine mit der Besichtigung der zahlreichen Kirchen in Augsburg könnte man auch heute noch Tage zubringen. Auch Friedberg, die »altbayerische Herzogstadt am Lechrain« liegt mitten im geschichtsträchtigen Wittelsbacher Land, und bietet eine Reihe besonderer Anziehungspunkte, wie das historische Renaissance-Rathaus oder die Altstadtgassen mit ihren Uhrmacherhäusern. Südlich von Augsburg erstreckt sich zwischen Lech und Wertach das Lechfeld, eine Schotterebene, die zu historischer Berühmtheit gelangt ist: Hier errang König Otto den entscheidenden Sieg über die Ungarn, die mehrfach in der Region eingefallen waren. An der Stelle, wo die Schlacht vermutlich entschieden wurde, steht heute die Wallfahrtskapelle Maria Hilf. In Landsberg am Lech taucht man in ein gut erhaltenes Stück Mittelalter ein: Türme und Tore aus dieser Zeit sowie der gut erhaltene Mauerring prägen den Stadtkern. Im Sommer sorgen Freilichtveranstaltungen, Biergärten, Restaurants und Musikkneipen für heitere Abwechslung. Ein Stück weiter den grünen Lech aufwärts Richtung Quelle betritt man den sogenannten Pfaffenwinkel. »Land der Klöster« wird diese oberbayerische Region auch genannt. Und in der Tat: Kaum irgendwo sonst gibt es eine solche Anhäufung von Klöstern und prachtvollen Barock-Kirchen.

Bergauf, bergab

Und so wird ein Besuch dieser abwechslungsreichen Voralpenlandschaft, mit ihren Flüssen und Seen, Mooren und sattgrünen Hügeln auch zur kulturellen Entdeckungsreise. Der negative Beigeschmack des Wortes »Pfaffe« sollte eigentlich nicht für den Pfaffenwinkel gelten. Denn die Klöster spielten früher eine entscheidende Rolle für die Nutzbarmachung des Landes, für die Förderung des Handwerks oder der schönen Künste. Ein wunderbares Beispiel dafür ist die berühmte Klosterstiftskirche Mariä Geburt des etwa 900-jährigen Augustiner-Chorherrenstiftes im Erholungsort Rottenbuch, am Hochufer des hier schluchtartig eng verlaufenden Ammertales.

Nun ist es auch nicht mehr zu übersehen, dass die Alpen in eine spürbare Nähe gerückt sind. Besonders merken das die Wanderer und Radfahrer auf der Romantischen Straße, die sich mehr und mehr auf steilere Anstiege einstellen müssen. Doch hinter jeder Biegung, jeder Kuppe erwartet ihn ein neuer, umwerfender Blick auf die Gebirgskette. Dafür plagt man sich gerne ein bisschen mehr.

In Oberbayern und Bayerisch-Schwaben wird seit jeher intensive Landwirtschaft betrieben.

Das Augsburger Rathaus mit dem Perlachturm (links) und dem Augustusbrunnen.

Klassisch: Zum gebratenen Geflügel gehört ein Kartoffelknödel und dunkle Sauce.

Früher bedeutete das harte Arbeit und ein entbehrungsreiches Leben. Was die Mühsal etwas erträglicher machte, war die gute, herzhafte und reichhaltige Kost.

Die Kraft der Natur

An guten Produkten fehlte es nicht; der Bauerngarten, der Stall, die Weide und die Felder gaben vieles her, was sich in den Bauernküchen zu einer nahrhaften Mahlzeit verarbeiten ließ. Und so ist die typisch altbayerische Küche von herzhaften, reichhaltigen Speisen geprägt. Ein klassisches Mittag- oder Abendessen beginnt gerne mal mit einer kräftigen Suppe mit unterschiedlichen Einlagen, etwa Grießnockerl oder Pfannkuchen. In der oberbayerischen Fleisch-

küche ist ebenfalls Vielfalt angesagt: Auch wenn sich knusprige Schweinshaxen, Schweinsbraten und Schweinswürstel weiterhin großer Beliebtheit erfreuen, sind heimisches Milchlamm, Jungrinderbraten sowie Wildgerichte auf dem Vormarsch. Auf den Speisekarten bekommt auch hier die fleischlose Küche immer mehr Bedeutung. Hatten vegetarische Gerichte in einem traditionellen Gasthaus lange Zeit nur Alibifunktion, werden sie dank engagierter Köche nun immer öfter zu interessanten Alternativen. Ob Fleisch oder fleischlos: Besonders schön ist es, die frischen Zutaten für die bayerischen Schmankerl am Wochenmarkt, am Hofladen oder direkt vom Bauernhof zu holen.

Sehenswertes in der Region

★ **Bayertor in Landsberg**

Das Bayertor gehört zu den schönsten spätgotischen Toranlagen Süddeutschlands und zum wichtigsten Denkmalbestand der Landsberger Altstadt. Der rund 36 Meter hohe Turm kann von Mai bis Oktober auch erklommen werden. Seinen Namen hat der Bau, weil er in Richtung Bayern zeigt und Landsberg früher als Grenzstadt zwischen Bayern und Schwaben galt.
www.landsberg.de

★ **Fugger und Welser Erlebnismuseum in Augsburg**

Die Handelsdynastien der Welser und Fugger haben Augsburg nachhaltig geprägt. Mit diesem Museum, das im September 2014 im Domviertel eröffnet wurde, hat man ihnen ein Denkmal gesetzt. Besucher erfahren auf höchst spannende Weise, was Bergbau und Seefahrt vor Jahrhunderten mit Augsburg verband und welche bedeutenden Neuerungen in Wirtschaft und Technik gemacht wurden, die den Familien ihren Reichtum sicherten.
www.fugger-und-welsermuseum.de

★ **Villa Rustica in Peiting**

1956 machten Archäologen neben der Straße zum Weiler Kreut einen erstaunlichen Fund: Sie stießen auf ein römisches Landgut aus dem 2. Jahrhundert n. Chr. Bei der Villa Rustica handelt es sich um eines der bislang selten entdeckten Atriumhäuser, das offenbar einen gehobenen Wohnstandard geboten hat: Fußbodenheizung, ein Badehaus, Doppelglasfenster und Wandmalereien zeugen davon. Die Reste des Badegebäudes befinden sich unter einem verglasten Schutzhaus.
www.peiting.de

★ **Wallfahrtskirche Maria Hilf Klosterlechfeld**

Das Gotteshaus geht auf eine Stiftung der Witwe des Augsburger Bürgermeisters Raimund von Imhof zurück, die auf der Rückreise von Augsburg zu ihrem Schloss in Untermeitingen im dichten Nebel des sumpfigen Lechfelds von der Straße abgekommen, in ihrer Not den Bau einer Kapelle zu Ehren der Gottesmutter gelobte, um wieder auf den richtigen Weg zu gelangen.
www.pfarrgemeindeklosterlechfeld.de

49 Bier-Erlebnisgastronomie
Augsburg

»Was ist ein gestachelter Bock?« Das wäre durchaus eine Frage für das Ratespiel »Wer wird Millionär?«. Vielleicht sogar für die Millionenfrage. Denn die Antwort kennen heute wohl nicht mehr viele: Wenn die Arbeiter früher an den Stahlöfen in der Pause ihren Durst mit Bockbier löschen wollten, hielten sie zuvor kurz den »Stachel« (den heißen Schürhaken) ins eiskalte Bier, um es anzuwärmen: Dieser Brauch wird im Wirtshaus der Brauerei Riegele noch heute am Tisch zelebriert. Zur Wahl stehen (auch ohne vorheriges Aufwärmen mit dem Schürhaken) acht Bierspezialitäten mit einem Farbenspektrum von Sonnengelb über Kastanienrot bis zu Tiefschwarz und einem Aromenspiel von zitrusfruchtig bis zur Bitterschokolade. Der gestachelte Bock im Wirtshaus Riegele ist ein gutes Beispiel dafür, was man aus »Eventgastronomie« alles machen kann. Den Genuss zum Ereignis macht man auch bei einem Besuch in der Kälberhalle auf dem Gelände des Brauhauses »Zum Hasen«. Im Zentrum des Interesses stehen Partys, Konzerte oder Sportübertragungen und – neben einer langen Liste süffiger Biere – Leckeres aus dem Brotbackofen. Liebhaber gutbürgerlich-bayerischer Küche werden von dem Thorbräu-Keller begeistert sein. Krautspatzen, Allgäuer Käsespatzen, Rahmschwammerl oder Kartoffelgröstl sind hier »die Helden« der Speisekarte. Bekannt ist der Thorbräu-Keller zudem für seine zahlreichen Biersorten: Beliebt bei historischen Festen ist das würzig-vollmundig schmeckende Schwarzbier. Und egal, für welches Bier man sich auch entscheidet: Den Thorbräu-Biergarten halten viele für Augsburgs schönsten Innenstadt-Biergarten.

Wo: Riegele Wirtshaus
Frölichstr. 26, Tel. 08 21/4 55 25 50
Wann: Mo–Fr 11–1, Sa und
So 10–1 Uhr
Web: www.riegele-wirtshaus.de
Karte: C 5 und b 3

Wo: Kälberhalle
Berliner Allee 36,
Tel. 08 21/4 55 65 66
Wann: Mo–Sa 11–23,
So und Feiertage 11–22 Uhr
Web: www.kaelberhalle.de
Karte: C 5 und e 2/3

Wo: Thorbräu-Keller
Heilig-Kreuz-Str. 20,
Tel. 08 21/51 19 91
Wann: So–Do 17–24,
Fr und Sa 17–1 Uhr
Web: www.thorbraeu-keller.de
Karte: C 5 und c 3

50

König von Flandern
Augsburg

Seit eh und je gilt die Maximilianstraße als Lebensader der Stadt
Augsburg. Zwischen dem Rathaus und den beiden Ulrichskirchen
reihen sich an einer der schönsten Prachtstraßen Süddeutschlands
nicht nur die Paläste der reichen Handels- und Bankiersfamilien auf.
Heute gilt die Maximilianstraße als beliebtes Ziel der Genießer, Fla-
neure und – vor allem auch – der jungen Einheimischen. Zahlreiche
Boutiquen, Restaurants, Kneipen, Bars, Cafés, Klubs und Diskothe-
ken haben sich hier angesiedelt. In der Verlängerung der »Maxstras-
se«, der Karolinenstraße, befindet sich die Gasthausbrauerei König
von Flandern. In den historischen Gewölben des Bader Hauses wird
das »Drei Heller Bier« gebraut. Bereits beim Zuschauen riechen die
Gäste die hopfig-herbe Würze, wenn der Sud im Braukessel ange-
setzt wird. Dann reift das Jungbier drei bis vier Wochen im Keller
nach, bevor es in der Gaststube ausgeschenkt wird.

Wo: Karolinenstraße 12, Tel. 08 21/15 80 50
Wann: tägl. 11–1 Uhr
Web: www.koenigvonflandern.de
Karte: C 5 und d 3

Stadtmarkt und Viktualienhalle
Augsburg

Der Stadtmarkt in Augsburg ist eine Sehenswürdigkeit und eine kulinarische Top-Adresse zugleich. Nirgendwo sonst in der Fuggerstadt findet man ein größeres Angebot an regionalen wie internationalen Produkten. Seine historischen Vorläufer waren einst über die ganze Stadt verteilte Spezialmärkte, von denen noch Straßennamen wie Fischmarkt, Obstmarkt, Kesselmarkt

zeugen. Der erste »Zentralmarkt« eröffnete am 8. Oktober 1930 auf dem ehemaligen Gelände der Lotzbeck'schen Tabakfabrik. Im Zweiten Weltkrieg zerstört, dauerte der Wiederaufbau danach neun Jahre lang.

Heute haben auf dem Augsburger Stadtmarkt mehr als 100 Händler ihre Stände. Feilgeboten werden erntefrisches Gemüse, Fleisch aus der Region, Obst oder selbst ge-

machte Delikatessen. Um die Mittagszeit wandelt sich der Markt zur Schlemmermeile und zum Treffpunkt für Alt und Jung, die sich hier ein gemütliches Plätzchen für eine Pause gönnen. In der 1000 Quadratmeter großen Viktualienhalle setzen sich die endlosen Einkaufsmöglichkeiten und Imbisszeilen fort. Um sich besser zu orientieren, heißen die Wege dann auch Bäckergasse, Blumenstraße, Fisch- und Wildgasse oder Gemüsegasse. Im westlichen Teil des Marktes schließt sich ein kleiner Bauernmarkt an. Hier bringen regionale Erzeuger mit ihrem Obst und Gemüse, mit ihren selbst gemachten Marmeladen und Blumensträußen aus den Bauerngärten weitere Farben und Aromen in das bunte Markttreiben.

Wo: Annahof (Zentrum), zwischen Anna- und Fuggerstr.
Wann: Mo–Fr 7–18, Sa 7–14 Uhr
Web: www.stadtmarkt-augsburg.de
Karte: C 5 und c 3

Als Reinheitsgebot wird seit dem 20. Jahrhundert die Vorstellung bezeichnet, dass Bier nur Hopfen, Malz, Hefe und Wasser enthalten soll.

Hopfen und Malz – Gott erhalt's!

Vom Recht auf ein gutes, reines Bier

Bereits im April 1516 erließ der in Ingolstadt unter dem Vorsitz von Herzog Wilhelm IV. tagende Bayerische Landständetag eine Verordnung mit dem Titel »Wie das Bier im Sommer und Winter auf dem Land ausgeschenkt und gebraut werden soll«. Damit wurde für ganz Bayern verbindlich festgelegt, dass zur Bierherstellung nur Gerste, Hopfen und Wasser verwendet werden dürften. (Erst später stellte man klar, dass es sich um Gerstenmalz zu handeln habe; von der Rolle der Hefe bei der Konservierung und als Aromaspender wusste man damals noch nichts.) Diese Verordnung des Bayerischen Landständetags von 1516 ist die älteste noch gültige Lebensmittelgesetzgebung der Welt – bis heute darf deutsches Bier in der Bundesrepublik Deutschland laut Gesetz ausschließlich aus Malz, Hopfen, Hefe und Wasser hergestellt werden. Der Verordnung voraus gingen allerdings mehrere Ansätze, die Qualität des Bieres zu verbessern. So übertrugen etwa die Münchner bereits im Jahr 1363 zwölf Mitgliedern des Stadtrates die Bieraufsicht und verlangten dann im Jahr 1447 ausdrücklich von den Brauern, nur Gersten, Hopfen und Wasser zu verwenden. Der erste urkundlich nachweisbare Ansatz, die Qualität des Bieres »justiziabel« zu machen, ist sogar noch älter: In der berühmten »Justitia Civitatis Augustensis«, mit der sich die Stadt Augsburg im Jahr 1156 eine neue Rechtsverordnung (und damit das älteste deutsche Stadtrecht) gab, heißt es: »Wenn ein Bierschenker schlechtes Bier macht oder ungerechtes Maß gibt, soll er gestraft werden ...«. Für einen Verstoß zahlte der brauende Wirt fünf Gulden Strafe, beim dritten Mal wurde ihm die Lizenz entzogen.

Ohne Reinheitsgebot hätten die Brauer vermutlich bis heute alle möglichen Zutaten ins Bier geschüttet, um den Geschmack zu verändern und zu verhindern, dass es sauer wurde – oder um schlechten Geschmack von sauer gewordenem Bier zu überdecken. Dabei schreckten sie einst selbst vor den absonderlichsten Mittelchen nicht zurück: Pech und Ochsengalle, Ruß und Kreide – jeder erfand ein Patentrezept, um das Bier »trincklich« zu machen. Wie gut, dass es den hohen Herren schließlich doch zu bunt und die Reinheit des Bieres zum obersten Gebot wurde!

> **Web:** www.brauer-bund.de/
> bier-ist-rein/reinheitsgebot.html

Altstadtcafé Weißgerber
Friedberg

In einem typischen Wiener Kaffeehaus fühlt man sich wie in einem »öffentlichen Wohnzimmer«. Wer danach Sehnsucht hat, muss aber nicht eigens in die österreichische Hauptstadt reisen: Auch das Altstadtcafé Weißgerber in Friedberg hat dieses unnachahmliche Flair. Untergebracht ist es im ältesten, 1653 errichteten Haus der Stadt. Mit Liebe zum Detail restaurierte Stuckdecken, gemütliche Stühle und einladende Sofas an den kleinen Tischen sorgen für angenehme Gastlichkeit. Schon beim Anblick der hausgemachten Köstlichkeiten läuft einem das Wasser im Mund zusammen: Täglich frisch gibt es Obstkuchen, Cremetorten und zartblättrige Plunderteilchen über die Theke. Immer eine Sünde wert ist auch das Pralinensortiment, dessen Füllungen nach alten Rezepturen von Hand im Kupferkessel hergestellt werden. Durch die »gläserne Backstube« können Kunden bei der Produktion der feinen Konditoreiwaren zusehen. Denn zur Firmenphilosophie des bald in sechster Generation aktiven Familienbetriebs gehört es, alles selbst und nur mit der besten Ware herzustellen. Dabei beschränkt man sich nicht bloß auf das »Veredeln« von Zutaten, sondern »bäckert« selbst. So können auch Sonderwünsche von Kunden gern erfüllt werden. Nicht zuletzt eignen sich die angebotenen Leckereien auch prächtig als Geschenk.

Wo: Ludwigstraße 10,
Tel. 08 21/6 08 02 22
Wann: Mo–Sa 8–18,
So und Feiertage 10–18 Uhr
Web: www.cafe-weissgerber.de
Karte: C 5

53 Spezialitätenwirte im Wittelsbacher Land   Friedberg

Im Jahr 1997 schlossen sich einige der besten Restaurants und Gasthöfe der Region zu den »Spezialitätenwirten im Wittelsbacher Land« zusammen, um die Esskultur, den guten Geschmack und die Qualität der Speisen zu wahren sowie zu fördern. In Friedberg gehören dazu das Gasthaus Goldener Stern, der Brauereigasthof Sankt-Afra im Felde, das Gasthaus zum Schloss und der Landgasthof Lindermayr. Zudem sind sie allesamt Mitglied bei Slow Food, der weltweiten Vereinigung bewusster Genießer und Konsumenten. Dazu passt das nur von den Spezialitätenwirten kredenzte

»G'schmoxerlebnis Oxenfleisch«: Dieses fein marmorierte, saftigzarte Rindfleisch stammt von Tieren aus der nahen Umgebung, die den größten Teil des Jahres in freier Natur verbringen und nur mit Futter aus eigenem Anbau gefüttert werden: im Sommer mit saftigem Grünfutter, im Winter mit Heu und Getreideschrot.

> Spezialitätenwirte im Wittelsbacher Land, c/o Kühners Landhaus Kissing
> **Wo:** Gewerbering 3,
> Tel. 0 82 33/2 00 05
> **Web:** www.spezialitaetenwirte.de
> **Karte:** C 5

54 Café und Weinstube am Hexenturm
Landsberg am Lech

Mitten in der historischen Altstadt von Landsberg, direkt an die Stadtmauer angebaut, ist der »Hexenturm« zu finden. Das verbaute Holz der alten Bauernstube wird auf das Jahr 1552 datiert und steht unter Denkmalschutz. Nicht ganz so lange, aber auch schon seit einem Vierteljahrhundert, verwöhnen die Wirtsleute Silvia und Helmut Maier an dieser Stätte ihre Gäste mit feinsten regionalen Spezialitäten. Dazu

gehören die »Schwäbische Trilogie« mit Kässpätzle, Maultaschen und Krautkrapfen oder »Versoffene Jungfrauen« – Mostküchle in Zimt und Zucker mit Vanilleeis und Sahne.

> **Wo:** Vordere Mühlgasse 190,
> Tel. 0 81 91/18 74
> **Wann:** 11–15 und 17.30–24 Uhr
> **Web:** www.restaurant-am-hexenturm.de
> **Karte:** C 6

55

Die Schokoladenmeister
Landsberg am Lech

Wer gern etwas Süßes isst, hat es gut in der Stadt am Lech. Gleich zwei Chocolatiers verwöhnen die Kunden mit feinsten Schokoladen und köstlichen Pralinés. Schokoladenmeister Michael Dillinger (Meisterwerk Chocolaterie) vereint seine 20-jährige Erfahrung mit unerschöpflicher Kreativität und besten Zutaten zu unverwechselbaren Produkten. Beste Rohkakaosorten, hochprozentige Edelbrände und feinste Ingredienzien aus kontrolliertem Anbau kommen zum Einsatz. Im Ergebnis sind seine Schokoladen nicht viereckig, sondern rund, die Rippchen verschieden groß. Dillinger kreiert traditionelle genauso wie exotische Geschmacksrichtungen und hat auch Bio-Pralinés oder vegane Schokoprodukte in seinem Sortiment. Doch bei aller Liebe zum Experiment stellt er fest: »Letztendlich kommen die Leute auf die ehrliche, gute Schokolade zurück, ohne Gags und Firlefanz.«

Hochwertige Rohstoffe und eine traditionelle, handwerklich ausgereifte Zubereitung sind auch die Basis der süßen Sachen aus dem Hause Hallinger. Für Karin und Patrick Hallinger bedeutete die Gründung ihrer Schokoladenmanufaktur im Jahr 2011 die Erfüllung eines Traums. Neben edlen Schokoladen und Pralinen, die ohne zusätzlichen Zucker auskommen, hält ihr Ladengeschäft in der Altstadt noch spezielle Tee- und Kaffeesorten bereit, ebenso Gewürze und Sekt. Im Shop kann man seinen Liebsten mit einer personalisierten Geschenkdose eine Freude machen; auch mit einem Stöckelschuh aus Schokolade wird man bei der Beschenkten groß herauskommen. Bei Gruppenführungen dürfen die Teilnehmer einen Blick hinter die Kulissen werfen und werden staunen, wie viel Handarbeit und Liebe zum Detail zur Herstellung richtig guter Schokolade erforderlich ist. Sie dürfen dabei auch selbst mal Hand anlegen.

Wo: Meisterwerk Chocolaterie Dillinger, Hauptplatz 177, Tel. 0 81 91/9 70 70 88
Wann: Mo–Fr 10–19, Sa 10–18 Uhr
Web: www.meisterwerk24.de

Wo: Hallingers Schokoladen, Vorderer Anger 219, Tel. 0 81 91/3 31 16 21
Wann: Mo–Fr 9.30–18.30, Sa 9–16 Uhr
Web: www.hallingers.de/index. php/de/hallingers/ladengeschaeft

Karte: C 6

56

Restaurant Zum Luitpold
Leeder, Gemeinde Fuchstal

Die trauen sich was: Seit 20 Jahren führen Maria und Harald Keßler ziemlich genau in der Mitte des Dreiecks Landsberg am Lech, Schongau und Kaufbeuren ihr Restaurant, das kein Schnitzel und auch sonst nur wenige bayerisch-schwäbische Klassiker im Angebot hat. Dafür schätzen die vielen Fans und Stammgäste dieses geschichtsträchtigen Gasthauses die kreativen Kreationen umso mehr, mit denen sie im Luitpold immer wieder aufs Neue überrascht werden. Bei Gerichten wie Entenbrust mit Zwetschgen-Maroniragout oder Rinderlende mit Nuss-Kräuterkruste in Rotweinsoße kann kaum jemand widerstehen. Angenehm ist auch das Ambiente: Der Gastraum stammt aus dem 18. Jahrhundert, Bänke und Tische aus Ahorn, Kirsche und Eiche setzen moderne Akzente. Kochkurse sorgen für zeitgemäße Fortbildung am Herd, Kriminächte für Gaumenspaß und Unterhaltung.

Wo: Hauptstr. 36, Tel. 0 82 43/31 60
Wann: Mi–Fr 17–24, Sa 11.30–14.30 und 17–24, So und Feiertage 10–24 Uhr
Web: www.restaurant-luitpold.de
Karte: C 6

57 Gourmetrösterei
Landsberg am Lech

Gut Ding will Weile haben. Das gilt für vieles im Leben, auch für exzellenten Kaffee. Henning Böhm, Röstmeister und Inhaber der nach ihm benannten Gourmetrösterei in Landsberg am Lech, weiß zudem, dass Qualität keineswegs ein Zufall ist. Deshalb macht er auch keine Kompromisse, wenn es um seinen Gourmetkaffee geht: Damit dieser seinen vollen Geschmack entfalten kann, röstet Böhm ihn in traditioneller Langzeitröstung bei niedrigsten Temperaturen (zwischen 180 und 220 Grad) sehr langsam (rund 22 bis 28 Minuten) und ausschließlich mit warmer Frischluft ohne Abgaszirkulation. Nur so entsteht ein überaus aromareicher Kaffee, der außerdem auch noch besonders gut bekömmlich ist. Den Unterschied zu Durchschnittsprodukten schmeckt man sofort. Da erübrigt sich fast der Hinweis, dass in Böhms Gourmetrösterei nur die besten Rohkaffees der jeweiligen Ernten aus Süd- und Mittelamerika, Indien oder Tansania verwendet werden. Im Angebot hat Böhm mehr als 30 sortenreine Spezialitäten, zertifizierte Kaffees und Gourmetmischungen für höchste Ansprüche. Erhältlich sind diese im Shop oder via Online-Versand.

Wo: Réaumurstr. 6,
Tel. 0 81 91/98 51 70
Wann: Mo–Do 8–16.30,
Fr. 8–15 Uhr
Web: www.gourmetroesterei.de
Karte: C 6

Fischerhof
Hohenfurch

Ein besonders guter Schafskäse ist nur eines der vielen exzellenten Erzeugnisse, die Barbara und Jürgen Fischer in ihrem landwirtschaftlichen Betrieb produzieren. »Beste Qualität zu fairen Preisen« lautet das Motto auch für Weidehähnchen, Puten, Kaninchen, Lamm und Wild sowie für Eier und Bauernbrot. Aus der Milch ihrer Kühe produzieren die Fischers noch etwas ganz Besonderes: selbst gemachtes Eis. Dazu werden nur frische Zutaten ohne künstliche Zusätze verwendet. Wer keine Milch verträgt, kann aber auch zum hofeigenen Fruchteis greifen. Vertrieben werden die Erzeugnisse des Fischerhofs auch über verschiedene Wochenmärkte, Hofläden sowie Bäckereien, Metzgereien und Cafés in der Region. Zu bestimmten Terminen kann man gegen einen Unkostenbeitrag von drei Euro eine Hofführung machen.

> **Wo:** Fischerhof,
> Tel. 0 88 61/91 08 12
> **Wann:** telefonisch erfragen
> **Web:** www.fischerhof.info
> **Karte:** C 6

Restaurant Lagerhaus
Schongau

Vom Pferdestall zur Trendgastronomie: 1989 zogen ein Café, ein Restaurant und eine Cocktailbar in das zwischenzeitlich auch als Sitz eines Speditionsunternehmens genutzte »Lagerhaus«. Die vielen Stammgäste schätzen den Frühstücksbrunch am Sonntag genauso wie die kulinarischen Thementage: Am Pasta & Sushi Day gibt's – genau – Pasta & Sushi, danach kommen die Fans von Kässpatzen und Krautkrapfen auf ihre Kosten, bevor es beim Barbecue mit Spareribs und Chicken Wings deftig zur Sache geht. Wer die Cocktail Hour am frühen Abend verpasst, hat ab 23 Uhr eine zweite Chance. Das bevorstehende Wochenende mit einem Caipirinha einläuten können die Gäste beim »Thank God it's Friday«-Freitag.

> **Wo:** Karmeliterstr. 5,
> Tel. 0 88 61/2 56 24 60
> **Wann:** Mo–Fr 11.30–14,
> Di–So 18–24 Uhr
> **Web:** www.lagerhaus-schongau.de
> **Karte:** C 6

60

Weinstuben im Frauentor

Schongau

Schongau ist von einer noch fast intakten Stadtmauer umgeben. Auch zwei der ursprünglich drei Stadttore aus dem 13. Jahrhundert stehen heute noch, darunter das Frauentor. Hier sind die Weinstuben untergebracht, in denen Einheimische wie auswärtige Gäste gern einkehren. Eine Spezialität sind Flammkuchen aus dünnem Brotteig, frisch im Ofen zubereitet. Es gibt sie in den verschiedensten Geschmacksrichtungen, »klassisch« mit Zwiebeln und Speck, mit Lachs oder Gemüse – sogar als süße Variante mit Früchten der Saison, feinem Likör und Mandeln. Dazu schmecken die überwiegend aus Baden, Württemberg und der Pfalz stammenden Weine – aber auch ein paar österreichische und italienische Tropfen sind im Angebot. Und was man auch nicht mehr oft findet: In den Weinstuben im Frauentor gibt es noch richtige Viertele.

Wo: Christophstr. 21–23, Tel. 0 88 61/22 18 17
Wann: Di–Sa ab 18.30 Uhr, vor und an Feiertagen geöffnet
Web: www.weinstuben-schongau.de
Karte: C 6

Wein- und Whiskyseminare
Schongau

Es gibt viele Winzer, die grandiose Weine kreieren, und viele Gelegenheiten, ihre edlen Tropfen zu genießen. Aber was für die Kunst ganz allgemein (und hier der Winzer im Besonderen) gültig ist – nämlich Johann Wolfgang von Goethes Satz: »Man sieht nur, was man weiß« –, gilt in abgewandelter Form auch für den Wein und den mit ihm verbundenen Genuss: »Man schmeckt nur, was man weiß.« Das nötige Hintergrundwissen für den bewussten Genuss vermittelt der Wein- und Spirituosenhändler Gerd Reßle in seinen Weinseminaren. Begleitet von gutem Essen erfahren die Teilnehmer nicht nur ganz Grundlegendes zum Thema Wein, sondern bekommen zugleich auch ein Verständnis für das unverzichtbare Savoir-vivre nahegebracht, das mit dem richtigen Weingenuss einhergehen sollte. Passend zur jeweiligen Saison werden übers Jahr Seminare zu Themen wie »Wein & Spargel«, »Gegrilltes & Wein«, »Leichte Weine zur Sommerküche«, »Französische Premiumweine« oder »Weine vom Gardasee« angeboten. Unabhängig vom jeweiligen Motto dürfen sich die Seminarteilnehmer – darunter auch immer mehr weibliche Interessentinnen – auf eine wohltemperierte Mischung von Event und Weinverkostung mit vielen neuen Geschmackserlebnissen freuen. Letztere sind natürlich nicht dem Wein allein vorbehalten: Auch dem stetig größer werdenden Kreis der Whiskyliebhaber bringt Gerd Reßle in eigens für diese Zielgruppe gestalteten Seminaren Grundlagenkenntnisse und Hintergrundwissen nahe. Von der enormen Vielfalt des Whiskys kann man sich jeden ersten Donnerstag im Monat bei der Verkostung von Single Malts, Scotch Blended Whiskys und Grain Whiskys überzeugen. Die guten Tropfen mit ihrer mal rauchigen, mal torfigen Geschmacksnote kommen traditionell aus Schottland, Irland und Wales, aber auch aus Japan: 2014 wurde erstmals ein japanischer Whisky, ein Single Malt von der in der Nähe von Kyoto ansässigen Yamazaki-Brennerei, der ältesten japanischen Whiskydestillerie, zum besten Whisky des Jahres gekürt.

Wo: Franz-Rupp-Str. 1,
Tel. 0 88 61/6 90 44 22 und 47 58
Wann: Termine auf der Website oder telefonisch erfragen, Di–Fr 9–12 und 14–18 Uhr
Web: www.weinmenschen.de
Karte: C 6

Von der Bäuerin zur
Kochbuch-Autorin:
Erfahrung und Know-how
aus erster Hand.

Wie Landfrauen kochen

Die Kochbücher der Könner

Mit einem solchen Erfolg hatte wohl niemand gerechnet, am allerwenigsten die Bäuerinnen, die zu diesem Werk beitrugen: »So schmeckt's« heißt das Kochbuch, das Silvia Schlögel, die Kreisbäuerin von Weilheim-Schongau, initiiert und in Zusammenarbeit mit Landfrauen aus den Regionen entlang der Romantischen Straße anlässlich des 60. Geburtstags von Deutschlands beliebtester Ferienstraße im Jahr 2010 verfasste. Schon nach kurzer Zeit war das Buch vergriffen – für Silvia Schlögel und ihre Mitstreiterinnen Ansporn genug, um weitere Kochbücher zu schreiben. So entstand die Koch- und Backbuchreihe »Alle lieben ...«, bei der sich jeder Band mit einem speziellen Thema befasst – von A wie Apfelkuchen bis W wie Weihnachten. Eines dieser Themen ist auch die saisonale Gemüseküche: »Bei uns gibt es allein 20 Wintergemüse, mit denen man wunderbare Gerichte machen kann«, versichert Silvia Schlögel, »angefangen von Steckrübe, Schwarzwurzel und Wurzelpetersilie über Blau-, Weiß- und Sauerkraut bis zu Pastinake, Kürbis und Topinambur.« Ein Bestseller ist auch »Alle lieben Käsekuchen«, ein kulinarisches Schatzkästchen mit 90 Käseku-chen-Rezepten – mal mit Bananen-Split oder mit Kokosstreusel, von Großmutters Käsekuchen bis zu Tiroler Käsekuchen.

Aber was macht die Bücher der Bäuerinnen aus dem Pfaffenwinkel so besonders? Kochbücher gibt es doch wie Sand am Meer? Nun, sie sind eben genau so konzipiert, wie frau sich so ein Back- bzw. Kochbuch vorstellt: mit einfach nachzukochenden Rezepten ohne exotische Zutaten vom teuren Feinkosthändler. Verkocht wird, was die heimische Küche hergibt – auch über die »Resteküche« gibt es ein eigenes Buch –, und trotzdem schmecken diese Gerichte stets besonders gut.

Ein Anliegen ist den Landfrauen besonders wichtig: zu zeigen, dass man für beste Zutaten gar nicht unbedingt immer nur in die Ferne schweifen muss – sondern oft auch im eigenen Gemüsegarten fündig werden kann. Oder man (bzw. frau) wirft auch nur mal einen Blick in den heimischen Kühlschrank, um zu erforschen, aus welchen Resten sich immer noch ein schmackhaftes Gericht zaubern lässt.

Wo: Deutscher Landwirtschafts-verlag, 80705 München,
Tel. 0 89/12 70 52 28,
Web: www.landecht.de

62 Hofmarkt beim Biobauern Reßle
Schongau

Im Landkreis Weilheim-Schongau halten viele den Biobauernhof von Franz und Angelika Reßle für die beste Adresse, wenn es um frische Lebensmittel geht. Dort werden Eier, Rinds-, Kalb- und Lammfleisch aus eigener Aufzucht, Äpfel, Birnen und Zwetschgen, ebenso Dinkel und Roggen von den hiesigen Wiesen und Feldern gleich ab Hof verkauft. Besonders begehrt: der trübe Apfelsaft, der gerne mal kanisterweise in den Kofferräumen der anfahrenden Kunden landet. Auf biologischen Anbau umgestellt, haben die Reßles ihren Bauernhof bereits 1989. Auch Sohn Franz jr., diplomierter Landwirtschaftsmeister mit ökologischer Ausrichtung, ist schon in den elterlichen Betrieb integriert, in dem heute u. a.

neun Pferde, 28 Kühe, 25 Schafe und viele Hühner die Szenerie beleben. Die Pferde der Reßles werden für Hochzeiten, das Maibaumfest und andere Gelegenheiten vor die Kutsche gespannt. Ihren großen Auftritt haben sie beim alljährlichen Leonhardiritt Anfang November. Franz Reßle sen. war es, der diese schöne Tradition mit festlichem Umzug und priesterlicher Segnung vor einigen Jahren wiederbelebte. Nach dem Umzug der Rösser und Kutschen trifft sich die Festgesellschaft am Reßle-Hof zu Kaffee, Kuchen und weiteren Köstlichkeiten.

Wo: Dornau 7, Tel. 0 88 61 / 99 44
Wann: tel. Anmeldung empfohlen
Web: www.biolandhof-ressle.de
Karte: C 6

Erlebnisgastronomie Bergwerk
Peiting

Mit Kreativität und Know-how, Leidenschaft und Mut verwandelte die Gastronomenfamilie Barnsteiner das stillgelegte Kohlebergwerk von Peiting in einen Szenetreff. Nun genießen die Gäste hier feinste Spezialitäten und selbst gebrautes »Sparifankal«-Bier in der Kneipe »Spix« oder im Restaurant »Barnsteiner's«. Manfred Barnsteiner überzeugt vor allem mit klassischen Gerichten wie Rinderbacken oder Lendensteak. Durch die Art der Zubereitung und die Qualität der Produkte gelingen ihm aber auch immer wieder die eine oder andere kulinarische Überraschung für die Speisekarte. Der große Raum im Bergwerk wird für private Feste und Veranstaltungen genutzt, auch Discopartys und Live-Konzerte finden statt. Ein ganz besonders lauschiges Plätzchen ist der Biergarten mit seinen rund 120 Plätzen.

Wo: Zechenstr. 7,
Tel. 0 88 61/25 64 25
Wann: Mi–Sa ab 18 Uhr
Web: www.bergwerk-peiting.de
Karte: C 6

Bauernmarkt
Peiting

Der Duft frisch gebackener Hollerküchle (sprich: »Hollerkirchla«) schwebt über dem Peitinger Marktplatz. Es ist die Zeit der Holunderblüten, und immer wird auf dem Bauernmarkt das zur Jahreszeit passende kulinarische Motto aufgegriffen. Zwischendurch kann man sich auch gebackene Zimt- oder Apfelkrapfen schmecken lassen. Immer zu haben sind Obst und Gemüse, Bauernbrot, Eier von glücklichen Hühnern, Käse-, Wurst- und Fleischspezialitäten. Neben frischen Produkten aus der unmittelbaren Umgebung gibt es mittlerweile auch Erzeugnisse aus ferneren Regionen. Manchmal kommt sogar »königlicher« Besuch – wenn die Kartoffel-, Spargel- oder Milchkönigin ihre Aufwartung machen.

Wo: Hauptplatz bei der Pfarrkirche St. Michael
Wann: jeweils 1. Fr im Monat, 8.30–12 Uhr
Web: www.peiting.de
Karte: C 6

Zauberhütte
Peiting

Gegründet von dem aus einer bekannten Berliner Artistenfamilie stammenden Zauberer Henry Pantel, schwingt heute Robert Astleitner, mittlerweile in dritter Generation, das Zepter in der Zauberhütte. Für »magische Momente« sorgen die regelmäßig stattfindenden Zauberabende mit professionellen Künstlern, für die man sich die Karten schon ein halbes Jahr im Voraus sichern sollte (Reservierung nur telefonisch unter der unten angegebenen Nummer). Auch der Küchenchef weiß seine Gäste zu bezaubern – mit gutbürgerlichen Menüs. Kaffee und hausgemachter Kuchen werden auf der Terrasse serviert, von der man über weite Felder bis hin zum Hohenpeißenberg und der Alpenkette blicken kann. Sehr beliebt sind die »Smokerabende« im Sommer mit leckeren Spezialitäten vom Räuchergrill.

Wo: Mößle 2, Tel. 0 88 09/2 05
Wann: ganzjährig ab 11.30 Uhr, Di und Mi Ruhetag
Web: www.zauberhuette.com
Karte: C 6

Kunstcafé am Tor
Rottenbuch

Im Kunstcafé zum Tor fühlen sich Jung und Alt gleichermaßen wohl. Die Besitzer, die Familie Kaufmann, haben das landwirtschaftliche Anwesen aus dem Jahr 1845, das später zu einer Pension erweitert wurde, mit viel Liebe umgestaltet und dann im Jahr 2010 als Café-Bistro-Begegnungsstätte wiedereröffnet. Design und Kunst bestimmen die Inneneinrichtung, Musik und Konzerte ergänzen das Konzept – ob geplant oder spontan aus der Stimmung heraus. Zu den Kaffeespezialitäten können sich die Gäste hausgemachte Kuchen und Torten schmecken lassen. Aber auch Leichtes wie Wraps oder Deftiges wie ein Bauernpfandl stehen auf der Karte.

Wo: Klosterhof 1, Tel. 0 88 67/92 10 40
Wann: Mo und Mi 10–18, Do–So 10– 21 Uhr, Di Ruhetag (im Winter: auch Mi Ruhetag, Fr und Sa nur bis 18 Uhr)
Web: www.kunstcafe-rottenbuch.de
Karte: C 7

Pfaffenwinkler Milchweg
Rottenbuch

67

Dass die Milch nicht aus dem Kühlregal im Supermarkt, sondern – im Idealfall – von glücklichen Kühen stammt, wissen die meisten. Weniger offensichtlich ist, wie wichtig Milch als Lieferant von Kalcium, Magnesium und Vitaminen für die Gesundheit ist: Kalcium sorgt für gesunde Knochen und Zähne, Magnesium für gute Nerven und Muskeln. Zink stärkt die Abwehrkräfte, Jod ist wichtig für die Schilddrüse. Die Infotafeln auf dem Pfaffenwinkler Milchweg, eine Initiative der Landfrauen des Bayerischen Bauernverbandes, wissen all das zu vermitteln. An den zehn Erlebnis-Stationen geht es beispielsweise um die Entwicklung vom Kalb zur Kuh, um das richtige Futter für das liebe Vieh und um die Arbeit des Bauern. Auch Themen wie »der Landwirt als Energiewirt« oder »beste Qualität – fairer Preis« wurden aufgegriffen. Mehr Spaß versprechen das Riesenmemory, ein Quiz und eine Kuh zum Melken, an der auch die ungeschicktesten Hände nichts kaputt machen können – die Kuh ist aus Plastik. Der beschilderte Weg (ca. 2 Std.) startet an der Schönegger Käsealm, wo man die Milch- und Käsespezialitäten einkaufen und feststellen kann, dass Milch nicht nur gut schmeckt, sondern (als Creme oder Lotion verarbeitet) sogar der individuellen Schönheit dient.

Wo: Schönegg 6 (Parkplatz Schönegger Käsealm), Tel. 0 88 67/91 10 18
Wann: Führungen Juli bis Mitte Sept., Mi 9.30–12.30 Uhr
Web: www.rottenbuch.de, www.pfaffenwinkler-milchweg.de
Karte: C 7

68 Landhotels & Gasthöfe Zur Post und zum Strauß
Wildsteig

Das Gebiet der heutigen Gemeinde Wildsteig war bis zur Säkularisation im Jahr 1803 ein Teil der geschlossenen Hofmark des Klosters Rottenbuch. Erst im Zuge der Verwaltungsreformen im Königreich Bayern 1818 wurde der kleine Ort mit dem herlichen Blick auf die Ammergauer Alpen eine selbstständige politische Gemeinde. Heute führen viele Wege wie die Romantische Straße oder der Jakobsweg dort vorbei. Das Feriendorf hat sich gut auf seine Gäste aller Art eingestellt. Es ist inzwischen auch ein offizieller Nordic-Walking-Stützpunkt des Deutschen Skiverbands (DSV).

Und weil nicht nur das Nordic Walking hungrig macht, passt es gut, dass man sich in Wildsteig auch entsprechend stärken kann. Etwa im traditionsreichen Gasthof Zur Post: Der Urgroßvater des heutigen Besitzers übernahm den Betrieb vor über 100 Jahren, ohne deswegen seine Stellung als »königlich bayrischer Posthalter« in Wildsteig aufzugeben. So erklärt sich auch der Name dieses Gasthofes »Zur Post«. Die frische, bodenständige Küche aus dem Familienbetrieb Bertl wurde bereits mehrfach ausgezeichnet. Bayerische

Küche vom Feinsten und eine generationenübergreifende Familientradition prägen auch den Gasthof zum Strauß, der im 17. Jahrhundert gegründet, zunächst als Bauernhof genutzt wurde. Gäste sollten hier unbedingt Spezialitäten wie Schlutzkrapfen (eine an italienische Ravioli erinnernde, als Teigtaschen mit unterschiedlichen Füllungen kredenzte Nudelspezialität) probieren. Hausgemacht sind hier ebenfalls Torten, Kuchen und der Apfelstrudel.

Bei beiden Adressen kann man im angrenzenden Landhotel übernachten. Dort werden auch Übernachtungspauschalen mit sportlichen Angeboten, etwa Biken oder Schneeschuhwandern, angeboten.

Wo: Gasthof Zur Post, Kirchberg-str. 43, Tel. 0 88 67/2 21
Wann: Di–Sa durchgehend bis 20, So bis 19 Uhr
Web: www.gasthof-post-wildsteig.de

Wo: Gasthof zum Strauß, Riedstraße 16, Tel. 0 88 67/3 72
Wann: tägl. 12–14 und 17.30 bis 20.30, Fr 17.30–20–30 Uhr, Do Ruhetag
Web: www.gasthof-zum-strauss.de

Karte: C 7

Veranstaltungen rund ums Jahr

APRIL

★ Augsburger Plärrer

Im Frühjahr (und noch mal im Spätsommer, August/September) ist Augsburg jeweils zwei Wochen lang Schauplatz für das größte Volksfest in Bayerisch-Schwaben mit Hightech-Fahrgeschäften, nostalgischen Schaustellerbetrieben, sowie Zelten mit Spezialitäten und Ausschank des guten Augsburger Biers.

www.augsburgerplaerrer.de

MAI

★ Landsberger Wiesn

Zünftig und traditionell geht es auf dem dreitägigen Volksfest auf der Waitzinger Wiese zu, das neben historischen Fahrgeschäften viel Süßes, Steckerlfische, bayerische Schmankerl und würziges Bier zu bieten hat.

www.landsberg.de

JULI

★ Friedberger Zeit

So heißt das zehntägige historische Altstadtfest in der Herzogstadt Friedberg, das die Epoche zwischen 1680 und 1790 wiederaufleben lässt und seit 1989 alle drei Jahre (nächstes Mal 2016) stattfindet. Der ganze äußere Rahmen ist dieser Zeit angepasst. Nicht nur die Mitwirkenden, auch immer mehr Besucher kommen im historischen Gewand.

www.friedberger-zeit.de

Steht dem Münchner Oktoberfest in nichts nach: der Augsburger Plärrer.

Pferdehandel wie anno dazumal: der Kaltblutfohlenmarkt in Rottenbuch.

★ Ruethenfest in Landsberg

Das Fest, bei dem über 1000 Landsberger Kinder die Geschichte der Stadt nachspielen, findet alle vier Jahre (nächstes Mal 2015) für neun Tage statt. Ursprung ist der Brauch, dass die Kinder mit den Lehrern im Frühling vor die Tore der Stadt zogen, um »Ruethen« zu brechen. Dazu gehört ein Umzug mit Pferdegespannen.

....

www.ruethenfest.de

AUGUST

★ Schogauer Sommer

Für zehn Tage Anfang August begibt sich die Stadt ins Mittelalter zurück und zelebriert an der Lechuferstraße bei freiem Eintritt täglich von 12 bis weit nach 23 Uhr auf einem der schönsten Mittelaltermärkte der Region altes Kunsthandwerk, Tanz- und Musikvorführungen sowie Gauklerkunst und Kulinarik.

....

www.schongau.de

SEPTEMBER

★ Kaltblutfohlenmarkt in Rottenbuch

Er ist in Deutschland einzigartig und besteht seit 1558. Der zu Klosterzeiten abgehaltene Pferdemarkt war damals mit einem am Tag zuvor stattfindenden Krämermarkt verbunden; dem sogenannten »Maria-Geburt-Markt«. Im Jahre 1845 wurde ein zweiter Pferdemarkt eingeführt. Der Krämermarkt am Patroziniumsfest ging 1873 ein, der Pferdemarkt aber bestand weiter bis 1952, nur unterbrochen in den Jahren 1944–1948. Seit dem Jahre 1984 stellt diese Veranstaltung mit der größten Kaltblutfohlen-Versteigerung, Marktständen und Festzeltbetrieb mit zünftiger Blasmusik eine besondere Attraktion dar, wobei sich der Bauernstand und ihm verbundene Besucher aus nah und fern ein Stelldichein geben.

www.rottenbuch.de

NOVEMBER

★ Leonhardiritt in Schongau, Rottenbuch und Wildsteig

Prächtig geschmückte Pferde und Reiter in ihrer Festtagstracht finden sich in den Ortszentren ein. Nach dem Umzug folgt die priesterliche Segnung der Pferde, dann wird gefeiert. Termine je nach Gemeinde unterschiedlich, immer um den Leonhardi-Tag

am 6. November herum. Genaue Termine auf der Webseite der Romantischen Straße/Veranstaltungen.

www.romantischestrasse.de

NOV./DEZ.

★ Augsburger Christkindlesmarkt

Er ist einer der schönsten Weihnachtsmärkte Süddeutschlands und lässt sich bis ins Jahr 1498 zurückverfolgen. Einmalig ist das »Engelesspiel«: 23 Engel erscheinen an der Rathaus-Kulisse und verwandeln diese in einen riesigen Adventskalender. Immer Freitag, Samstag und Sonntag um 18 Uhr. Der Christkindlesmarkt ist auch bekannt für sein hochklassiges Musikprogramm.

www.augsburgerchristkindles markt.com

Nur alle drei Jahre, dann aber als Riesen-Spektakel: das Altstadtfest »Friedberger Zeit«.

Eingebettet in die Hügelland-
schaft der Bayerischen Voralpen
thront das Hohe Schloss über
dem Stadtbild Füssens.

Geschichte für Fortgeschrittene

Man kann von König Ludwig II.
halten, was man will. Einen guten
Geschmack hatte er, zumindest
was die Wahl seiner Wohn- und
Aufenthaltsorte betrifft. Hätte er
einen besseren Platz als den in
Schwangau finden können, um
sein Märchenschloss zu errichten? In einer Landschaft, umgeben von Fluren und Seen am
Fuße eines prächtigen Berges.
Vergleicht man die Romantische
Straße mit einem spannenden
Buch, Film oder Theaterstück, so
bahnt sich auf der letzten, der
südlichsten Etappe, ein land-
schaftlicher Showdown an. Kann
man sich bereits im Pfaffenwinkel vor Postkartenidyll kaum
retten, wähnt man sich nun in
einer Heimatromanze, die inmitten einer Kulisse von natürlicher
Schönheit spielt. Die sanft hüge-
lige Voralpenlandschaft zieren
Moore und Naturseen, Wiesen
und Mischwälder – eine Gegend,
wie geschaffen zum Wandern
und Durchatmen. Vereinzelt lädt
ein Gotteshaus, wie etwa das
weltberühmte Rokoko-Juwel der
Wieskirche ein, innezuhalten.
Das ehemalige Klosterdorf Steingaden mit seinem Welfenmüns-
ter, in der Nähe der Wieskirche,
ist der Schnittpunkt der Romantischen Straße und der Deutschen Alpenstraße. Bald ist man
mitten in den Bergen, die Gipfel
des Ammergebirges (übrigens
Bayerns größtes Naturschutzge-
biet) rücken näher. Oberhalb
von Halblech direkt am Kenzenwasserfall hat König Ludwig II.
nahe der Berghütte seines Vaters
einen Pavillon errichten lassen
und dort manch romantischen
Abend verbracht – ein weiterer
Beleg für das Gespür des »Kini«,
was eine gute Baulage angeht.
Bergwanderer oder Mountainbi-

ker können hier auf zahlreichen Routen zu den besten Panoramaplätzen gelangen, die im Alpenraum zu finden sind. Bequemer geht es mit Seilbahn, Sessellift oder Wanderbus zum Beispiel auf den Tegelberg oder den Buchenberg, wo die Wirte der Hütten und Bergrestaurants mit Allgäuer Spezialitäten aufwarten. Die Besucher sind immer wieder freudig überrascht, mit welcher Herzlichkeit sie von den Gastgebern empfangen werden, eilt den Allgäuern doch der Ruf voraus, gerne etwas wortkarg oder eigenbrötlerisch zu sein.

Das Beste zuletzt

Mit Füssen hat die Romantische Straße einen würdigen End-punkt. In Bayerns höchstgelegener Stadt unmittelbar am Alpenrand klingt die Reise aber nicht einfach so aus, sondern schwillt hier förmlich zu einem imposanten Schlussakkord an. Die Altstadt mit ihren verwinkelten Straßenzügen, Baudenkmälern und sonstigen Kunstschätzen unterstreicht noch einmal das »romantische« Motto der gesamten Route. Wer mit dem Auto oder Bus nach der 410 Kilometer langen Fahrt in Füssen ankommt, hat das Gefühl, mehr als 2 000 Jahre Geschichte im Zeitraffer erlebt zu haben. Bei Radfahrern und Weitwanderern mag dieses Gefühl noch tiefer und nachhaltiger sein. Neben dem großartigen Landschafts-,

Bauernland und Fürstensitz: Die Königsschlösser haben die Region unverkennbar geprägt.

Es wären keine Allgäuer Kässpätzle, ohne einen Berg von reschen Röstzwiebeln.

Kunst- und Kultur-Kaleidoskop tragen natürlich auch vielfältige kulinarische Genüsse zu dem großartigen Gesamterlebnis-Paket bei.

So weit – so gut

Die Allgäuer Küche lebt hier in harmonischer Koexistenz mit bayerischen und schwäbischen Traditionen. Eine herzhafte Brotzeit (Vesper) gehört ebenso auf die Speisekarte wie Knödel und Flädlesuppe. Die traditionellen Allgäuer Speisen sind gekennzeichnet durch die Zutaten, die es in früheren, eher ärmlichen Zeiten in der Region ausreichend und billig gab. Das waren vor allem Eier, Mehl, Milch, Fett und Sauerkraut und was im Bauerngarten an Kräutern und Gemüse gewachsen ist. Dementsprechend gibt es ein breites Spektrum von Mehlspeisen und anderen einfachen Gerichten, allen

voran die Spätzle. Ein Leckerbissen sind auch die »Schleifernudla«, die mit in Butterschmalz gerösteten Zwiebeln gegessen werden. Aus der hiesigen, mit großer Sorgfalt und bäuerlicher Weitsicht betriebenen Landwirtschaft kommen noch weitere hochwertige Produkte: Glückliche Weidekühe geben Heumilch, aus der die berühmten Allgäuer Käsespezialitäten gewonnen werden. Auch die Süßspeisen wären allein ein Grund, seinen Wohnort ins Allgäu zu verlegen. Küchle, Kuchen und Gebäcksorten sind in großer Vielfalt erhältlich, ebenso wie die üblicherweise an Weihnachten gebackenen »Laibla« (Plätzchen). Zu guter Letzt staunt man auch über die vielen traditionellen Familienbrauereien, die im Allgäu – offenbar unbeeindruckt vom Globalisierungstrend – ihre Nische gefunden haben.

Sehenswertes in der Region

★ **Geigenbaumuseum Füssen**

Der Ort am Alpenrand gilt als Wiege des europäischen Lautenbaus und ist heute noch ein international bekanntes Geigenbauzentrum. Am besten, man bucht eine Stadtführung auf den Spuren der Instrumentenmacher.
www.fuessen.de

★ **Hohes Schloss in Füssen**

Das spätgotische Burgschloss war über Jahrhunderte die Sommerresidenz der Fürstbischöfe in Augsburg. An den Hoffassaden sind heute noch entsprechende Illusionsmalereien zu bewundern. Im Nordflügel wurde eine Filialgalerie der Bayerischen Staatsgemäldesammlungen integriert. Zusammen mit der Klosteranlage St. Mang bildet es ein stattliches Ensemble, das man besucht haben sollte.
www.fuessen.de

★ **Museum der bayerischen Könige in Schwangau**

Im ehemaligen denkmalgeschützten Grandhotel Alpenrose entstand das Museum zur Geschichte der Wittelsbacher, einer der ältesten europäischen Dynastien. Sehenswert sind der begehbare Stammbaum, ein 40-teiliger vergoldeter Bronze-Tafelaufsatz, die Sammlung von Nymphenburger Geschirr und original königliches Spielzeug.
www.hohenschwangau.de/
museum_der_bayerischen_
koenige

★ **Tegelberg**

Beim Rundblick von der Bergstation der Tegelbergbahn bei Schwangau erschließt sich dem Besucher die Welt des Ammergebirges und des Alpenvorlandes aus erster Reihe. Der Tegelberg ist dazu Ausgangspunkt für Wanderungen und ein Mekka für Drachen- oder Gleitschirmflieger (auch Tandemflüge möglich).
www.schwangau.de

★ **Wieskirche**

Die Wieskirche bei Steingaden zählt zu den schönsten Rokokokirchen Süddeutschlands, was dazu führt, dass jährlich rund eine Million Besucher und Pilger ihre Reise dorthin antreten. Anschauen sollte man sie trotzdem! Seit 1983 ist die Kirche auch UNESCO-Welterbestätte.
www.wieskirche.de

Gasthof Moser
Steingaden

Das im Jahr 1907 eröffnete, unweit der Wieskirche gelegene Gasthaus wird bereits in vierter Generation von der Familie Moser geführt. Viele Gäste rühmen die Kalbfleischspezialitäten, z. B. das Kalbsrahmgeschnetzelte, als die besten in ganz Bayern. Das ist gut möglich, stammt das Fleisch doch aus der eigenen Aufzucht. Aber auch für den Krustenbraten mit Kartoffelknödel, den Zwiebelrostbraten oder auch die Wildspezialitäten aus der Region ist manchem Moser-Fan kein Weg zu weit. Wanderern, die von Steingaden her über den Brettleweg in die Wies kommen, dient der Gasthof als willkommener Ort für eine gemütliche Brotzeit. Auch wer ein Konzert in der Wieskirche besucht, dem sei ein kulinarisches Vorspiel »beim Moser« ans Herz gelegt.

> **Wo:** Wies 1, Tel. 0 88 62/5 03
> **Wann:** tägl. 9–19 (für Gruppen und Familienfeiern auf Anfrage auch abends), So und Feiertage 9 bis 23.30 Uhr, Mi Ruhetag
> **Web:** www.gasthof-moser.de
> **Karte:** C 7

Gasthaus Illach
Steingaden

Die Kaminstube im Gasthaus Illach sieht noch genauso gemütlich aus wie vor 200 Jahren. In diesem Ambiente serviert das Wirtsehepaar Echtler eine kleine Speisekarte mit hausgemachten Brotzeiten, wie sauren Käs oder Presssack. Geöffnet ist das Gasthaus nur zwei Mal die Woche, im Sommer steht auch ein kleiner Gastgarten zur Verfügung. Sehenswert: die Kegelbahn aus alten Zeiten, als die Kegel noch von Hand aufgestellt werden mussten. Viele Wanderer nützen das Gasthaus Illach als willkommenen Rastplatz auf ihrer Tour zwischen Steingaden und Lechstausee. Den ganzen Weg über genießt man einen herrlichen Weitblick auf die Alpen. Am Aussichtspunkt Egg erläutert eine Tafel das »Who is who« von rund 50 Gipfeln.

> **Wo:** Illach 1, Tel. 0 88 62/5 16
> **Wann:** nur Di und Fr ab 17 Uhr
> **Web:** keins
> **Karte:** C 7

71

Gasthof Schweiger
Steingaden

Nur einen Steinwurf von der berühmten Wieskirche entfernt, lädt der Gasthof Schweiger zur Einkehr. Früher wohnte in dem Haus Dominikus Zimmermann, der mit seinem Bruder Baptist in den Jahren zwischen 1745 und 1754 dieses Meisterstück der Kirchenbaukunst schuf. Zahlreiche Prominente waren hier schon zu Gast, wie eine Bilderwand am Eingang beweist. Küchenchef Andreas Linder tischt in seiner Wirtschaft bayerisch-schwäbische Spezialitäten auf, deren Zutaten von den umliegenden Bauernhöfen, aus heimischen Wäldern und Seen stammen. Der Schweinebraten mit hausgemachtem Kartoffelknödel und Speckkrautsalat ist exakt so, wie er sein soll. Das gilt auch für die zartrosa gebratenen Rehmedaillons auf Kirsch-Orangenwildrahm mit Rote-Bete-Gemüse und hausgemachten Butterspätzle oder das Flusszanderfilet mit Dillkartoffeln und Blattspinat. Für Vegetarier gibt es die Kässpatzen mit Schmelzzwiebeln, und wer Lust auf Süßes hat, hält sich an die hausgemachten Schmalz- und Dampfnudeln, an die Strudel oder die köstlichen Kuchen und Torten.

Wo: Wies 9, Tel. 0 88 62/5 00
Wann: tägl. 9–18 Uhr, Do sowie bei Konzertveranstaltungen auch abends. Im Winter: Fr Ruhetag
Web: www.gasthof-schweiger-wieskirche.de
Karte: C 7

Ob mild, würzig oder streng –
Käseherstellung ist traditionell Handarbeit.

Die Milch macht's

Allgäuer Käse – aus Erfahrung gut.

Der Allgäuer Käse – in all seinen Varianten – steht dem Schweizer Sortiment in nichts nach – was verständlich wird, wenn man die Historie der Käserei im Allgäu zurückverfolgt. Auf den Almen der Region wurde schon zu Beginn des 19. Jahrhunderts ein runder Hartkäse produziert. Doch zunächst waren die qualitativen Ergebnisse sehr uneinheitlich. Bis im Jahr 1821 Josef Aurel Stadler, ein Ross- und Käsehändler aus Lindenberg, zwei erfahrene Schweizer Senner ins Allgäu holte: Die kannten bereits ein Verfahren für die Herstellung eines Spitzenkäses von gleichbleibend guter Qualität. Seither gibt es den Allgäuer Emmentaler mit seinem milden, leicht süßen und nussigen Aroma und den typischen großen Löchern. Seinen Ursprung hat dieser Käse also nicht im Allgäu, sondern im Emmental, im Schweizer Kanton Bern. Hergestellt werden darf er nur mit silofreier Allgäuer Rohmilch. In Kupferkesseln wird die tagesfrische Heumilch von den Allgäuer Käsermeistern verarbeitet. Die Reifezeit beträgt dann mindestens drei Monate. Eine naturnahe Bewirtschaftung der Allgäuer Weiden und strenge Fütterungsvorschriften sind dabei die steten Garanten für höchste Qualität und guten Geschmack. Berühmt ist auch der Allgäuer Bergkäse. Dieser kommt in wesentlich kleineren, flacheren Laiben als der Emmentaler in den Handel; das Gewicht beträgt maximal 50 Kilogramm. Auch die Löcher im Käse sind kleiner, der Teig selbst ist dunkler, der Geschmack noch kräftiger und würziger. Am intensivsten schmeckt der Alpkäse, der nur im Sommer direkt auf der Alp verkäst wird, wo die Milchkühe in luftiger Höhe würzige Kräutergräser fressen dürfen. Neben den berühmten Hartkäsen gibt es freilich auch noch Schnitt-, Weich- und Frischkäse. Und nicht nur aus Kuhmilch wird Käse gemacht – die Käseprofis wissen auch den Büffel-, Ziegen- und Schafskäse zu verarbeiten.

Bei Füssen lässt sich auf dem rund zweistündigen »Ostallgäuer Emmentaler Radweg« der Käsegenuss mit Sport verbinden: Die gut für Kinder und Familien geeignete Radpartie beginnt an der westlichen Seite des Hopfensees und führt zu kleinen Hof- und Bergkäsereien, die noch traditionell käsen und direkt verkaufen.

Web: www.emmentalerradweg.de

72 Drei Hütten mit Aussicht
Halblech

Rund um Halblech locken gleich drei Berghütten nicht nur mit fantastischer Aussicht auf die umliegende Berge-Seen-Schlösser-Landschaft, sondern auch mit frisch zubereiteten Leckereien.

Auf der Kenzenhütte kümmern sich die Linder-Schwestern Corinna, Kathrin und Pamela um ihre Gäste. Erreicht werden kann die 1300 Meter hoch gelegene Hütte – ein idealer Startpunkt oder ein Zwischenstopp für alle sportlich Aktiven – sowohl über den Maximiliansweg als auch über die Via Alpina (E4), den Wanderweg im Halblechtal oder

mit einem kleinen Linienbus. Sehenswert ist der wildromantische Kenzenwasserfall, einer der Lieblingsplätze des Märchenkönigs Ludwig II. Unbedingt probieren sollte man die vegetarischen Gerichte der Hüttenküche: Krautkrapfen etwa oder Spinatnocken sowie – vom benachbarten Tirol inspirierte – Kaspressknödel.

Einen grandiosen Ausblick bietet auch die 1140 Meter hoch gelegene Buchenberg-Alm, die über vier verschiedene Wanderwege oder mit der Sesselbahn Buching erreicht werden kann. Drei gemütliche Stuben – Alm-, Jäger-

und Zirbelstube – bieten Raum für die Rast. Gleich unterhalb des Ziegengeheges gibt es einen kleinen Abenteuerspielplatz für den Nachwuchs. Auf den Teller kommen nur frische Produkte aus der Region; wer mag, kann sich gerne in der stets offenen Küche überzeugen, dass hier tatsächlich noch alles von Hand gemacht wird.

Ebenfalls ein idealer Start- und Zielpunkt für Wanderungen ist die Trauchgauer Almstube. Für die nötige Stärkung sorgen bayerische Schmankerl, Wildspezialitäten und verschiedene Toastgerichte. Für Kinderunterhaltung sorgt ein Spielplatz und ein Kleintier-Bauernhof.

Wo: Kenzenhütte,
Tel. 0 83 68/3 90
Wann: telefonisch erfragen
Web: www.berggasthof-kenzen huette.de
Karte: C 7

Wo: Buchenberg-Alm,
Auf dem Buchenberg 1,
Tel. 0 83 68/94 07 63
Wann: tägl. 9–18,
bei Rodelbetrieb bis 22 Uhr
Web: www.buchenberg-alm.de
Karte: C 7

Wo: Trauchgauer Almstube,
Im Bruch 3, Tel. 0 83 68/3 48
Wann: Di–So ab 10, warme Küche 11.30–14.30 und 16.30–20.30 Uhr
Web: www.almstube-trauchgau.de
Karte: C 7

73 Trauchgauer Käseladen und Käsehaus Buching

Halblech, Ortsteile Buching und Trauchgau

In der Gemeinde Halblech gibt es gleich zwei erstklassige Käsegeschäfte: den Trauchgauer Käseladen und das Käsehaus Buching. Wie es im Allgäu Tradition ist, stammen die guten Käseprodukte von der Milch glücklicher Kühe, die sich den Sommer über ausschließlich von den Gräsern und Kräutern hiesiger Wiesen und Almen ernähren sowie im Winter von dem daraus gemachten Heu. Erfahrene Senner stellen aus dieser silofreien wegen ihres höheren Gehalts an den Fettsäuren CLA und Omega-3 auch ernährungsphysiologisch wertvollen Heumilch Käse von allerbester Güte her. Bevor dieser in den Verkauf kommt, wird ihm die nötige Zeit zum Reifen gegeben. Man muss dann wirklich kein ausgemachter Käsekenner sein, um den Unterschied zwischen industriell gefertigten Produkten und den original Allgäuer Käsen sofort herauszuschmecken.

An den Verkaufstheken beider Käsegeschäfte hat man als Kunde die Qual der Wahl zwischen Hartkäse, Allgäuer Emmentaler, verschiedenen Alp- und Bergkäsen, Schnitt- und Weichkäse, Schaf- und Ziegenkäse, frischer Almbutter, Joghurt und Butterschmalz sowie Eiern vom Bauern-

hof. Auch Fleischprodukte wie Hirsch- und Bergschinken, Rindersalami, Kaminwurzn oder Ochsenstangerl sowie ein reichhaltiges Angebot verschiedenster Nudelspezialitäten ergänzen das Sortiment. Hinzu kommen Gewürze und Schokoladen, Speiseöle und Müsli. Zudem sind die Blüte der natürlichen Kräuter, Blumen und Wälder der Allgäuer Berge und Wiesen der beste Rohstoff für die von den fleißigen Bienen gesammelten Pollen, aus denen besondere Honigspezialitäten hergestellt werden. Und wenn dann ein bestimmtes Produkt mal zur Neige gegangen ist, kann man mit einer Onlinebestellung für Nachschub sorgen.

Wo: Käsehaus Buching,
Romantische Str. 8, Buching,
Tel. 0 88 62/91 16 89
Wann: Mo–Sa 8.30–18, Mai–Okt.
auch Sonn- und Feiertage 13–18 Uhr
Web: www.hochalp.de
Karte: C 7

Wo: Trauchgauer Käseladen,
Reichenstr. 11, Trauchgau,
Tel. 0 83 68/91 44 28
Wann: Mo–Mi 9–12, Do–Fr 9 bis
12 und 15–18, Sa 8–12 Uhr
Web: www.trauchgauer-kaeseladen.de
Karte: C 7

Schönegger Käse-Alm

Schwangau

74

Frische, auf natürlichem Wege silagefrei (also gänzlich ohne vergore-
ne Futtermittel) erzeugte (Heu-)Milch, traditionelle Rezepturen und
das handwerkliche Können der Käsemeister sind die bekannte Basis
der Allgäuer Käseherstellung im Allgemeinen, wie der Schmankerl
in der Schönegger Käse-Alm im Besonderen. Äußerst beliebt sind
neben dem Allgäuer Emmentaler der junge und alte Bergkäse sowie
der König-Ludwig-Bierkäse, dessen Rinde während der Reifung
regelmäßig mit dunklem Bier eingerieben wird. Käsefreunde freuen
sich auch über saisonale Spezialitäten wie den Bärlauchkäse im
Frühjahr, den Rüblikäse mit frischem Karottensaft im Sommer,
den Holunderkäse im Herbst und im Winter den aromatischen
Walnusskäse. Wer sich nicht gleich entscheiden möchte, der setzt
sich erst mal auf die Terrasse, probiert sich durchs Sortiment – und
kostet bei dieser Gelegenheit auch gleich die Wurstspezialitäten wie
Landjäger und Kaminwurzen, die hier ebenfalls angeboten werden.

Wo: Unterdorf 1, Tel. 0 83 62/9 39 54 83
Wann: Juni–Okt. Mo–Fr 8.30–18, Sa 8.30–17, Nov.–Mai Mo, Di, Do,
Fr 8.30–12.30 und 14–18, Sa 8.30–13 Uhr
Web: www.schoenegger.com/verkaufslaeden/schwangau/
Karte: C 7

75 Schlossbrauhaus
Schwangau

Das im einstigen Kurhaus der Gemeinde untergebrachte Schlossbrauhaus Schwangau gehört zu den beliebtesten Ausflugszielen im Umfeld der Königsschlösser. Bei schönem Wetter sind die Plätze im Biergarten heiß begehrt, hat man dort doch die Schlösser Neuschwanstein und Hohenschwangau stets im Blick. Im Kupfersudhaus reifen Bierspezialitäten, für die das Schlossbrauhaus bis weit über die Grenzen des Allgäus hinaus bekannt ist. Andreas Helmer ist der Braumeister und bürgt persönlich für beste Qualität. Neben den Standardbieren gibt es je nach Saison auch Spezialitäten wie Doppelbock, Maibock oder Festbier. Eigens für die Damenwelt wurden spezielle Biercocktails kreiert wie etwa das »Ho-Li-Mi Bier«, das aus Holundersirup, Limetten, Minze und Bier besteht.

> **Wo:** Gipsmühlweg 5,
> Tel. 0 83 62/9 26 46 80
> **Wann:** Mo–Do 14–23, Fr–So
> und Feiertage 11–23 Uhr
> **Web:** www.schlossbrauhaus.de
> **Karte:** C 7

76 Drehhütte
Schwangau

Kenner sehen schon an der traditionellen blauen Schürze, was bei Hubert Winkler Sache ist: Der neue Wirt der Drehhütte kommt aus Südtirol. Seit er im Februar 2014 die urige, auf 1250 Meter Höhe zwischen Tegelberg und Schönleitenschrofen gelegene Hütte übernommen hat, bringt der gelernte Hotelier aus dem Vinschgau das Beste aus seiner Heimat hier ein. Er weiß also seine bayerische Schmankerlkarte mit typischen Südtiroler Spezialitäten aufzupeppen und serviert Schlutzkrapfen genauso wie Kaspressknödel oder Speckknödel, Spinat-, Käse- und Rote-Bete-Nocken. Fein ist auch die Buchweizentorte mit Preiselbeeren. Der Aufstieg vom Parkplatz zur Drehhütte dauert rund eine Stunden.

> **Wo:** Drehhütte 1,
> Tel. 0 83 62/9 30 36 33
> **Wann:** Di–So 10–22,
> So 10–18 Uhr
> **Web:** www.drehhuette.de
> **Karte:** C 7

77 Beppos Eiskutsche
Füssen

»Der Eismann ist da!«, schallt es fröhlich durch die Gassen und über die Plätze, wenn Giuseppe »Beppo« Montuori seine etwa 40 Jahre alte, eigens für seine Zwecke umgebaute und mit einem Elektromotor versehene Kutsche durch die Gassen von Füssens Altstadt steuert. Auf stattliche sechs Kilometer in der Stunde bringt es das nostalgische Gefährt – nein, da bekommt niemand einen Geschwindigkeitsrausch, der bei Beppo mal auf dem Kutschbock mitfahren darf. Der italienische Gelatiere versteht seinen Beruf als Berufung und verbindet sein Handwerk am liebsten mit neuen (Geschmacks-)Ideen zur »eisigen Leidenschaft«. Als Dreizehnjähriger stand er bereits an der Seite seines Vaters, der ebenfalls ein Eiscafé betrieb. Vanille, Schokolade, Erdbeere, Zitrone und Ha-selnuss sind seine regelmäßig angebotenen Klassiker. Und weil Beppo nicht nur ein Eismacher mit Herz und Seele ist, sondern auch ein Mensch mit Sinn und Verstand, verwendet er für seine Produkte nachhaltig erzeugte Lebensmittel: frische Heumilch, hochwertige Sahne und Eier aus seiner Allgäuer Wahlheimat. Außerdem gründete er »Beppo's Gelato Fair-Trade-Linie«: Unter diesem Label bietet er nun fünf hochwertige Sorten Speiseeis aus fair gehandelten Zutaten an, zu einem interessanten Preis.

Wo: Kaiser-Max-Platz, Schrannen-platz, Brunnengasse, Brotmarkt, Mädchenbrunnen, Luitpoldstr. 12 (Zentrale), Tel. 01 60/95 63 53 36
Wann: abhängig von Wetter und Jahreszeit, tägl. ab 14 Uhr
Web: www.eiskutsche.de
Karte: C 7

Hotel-Restaurant Alatsee
Füssen

Sie sind viel in der Welt herumgekommen, haben bei den ganz Großen der Kochszene wie Alfons Schubeck oder Bobby Bräuer gelernt und nun direkt am idyllischen Alatsee eine eigene Wirkungsstätte gefunden: Miriam Huber und Janos Kemmler. Gemeinsam bereichern sie die kulinarische Landschaft im Allgäu mit ihren Ideen. Dabei ergänzen italienische und französische Akzente die überwiegend mit regionalen Produkten frisch zubereiteten alpenländischen Gerichte – für die vielen Fans der Küche im Hotel-Restaurant Alatsee eine wahre kulinarische Offenbarung. Bei Gruppen-Kochkursen kann man sich den einen oder anderen raffinierten Küchen-Trick aneignen: wie das cremige Pilz-Risotto gelingt, der rosa gebratene Almochse butterzart wird oder mit welchen Zutaten das knusprige Kabeljau-Filet besonders gut harmoniert.

Um den wildromantischen Gebirgssee, rund sechs Kilometer außerhalb von Füssen schon an der Grenze zu Österreich gelegen, ranken sich zahlreiche Mythen. In der Nähe des Sees wurde eine alte keltische Kultstätte nachgewiesen. Gerüchten nach sollen gegen Ende des Zweiten Weltkriegs die Goldschätze der Reichsbank in den unergründlichen Tiefen des Sees versenkt worden sein. Aber keiner weiß das genau, und Tauchen ist verboten. Also darf weiter spekuliert werden ...

Keineswegs mythisch – sondern definitiv eine Fiktion der beiden Autoren Michael Kobr und Volker Klüpfel – ist die am Alatsee spielende Handlung des Krimis »Seegrund« aus der kultigen, auch als »Allgäu-Krimis« bekannten Kluftinger-Reihe. Bei der Verfilmung wohnte ein Teil der Crew im Hotel-Restaurant Alatsee, und natürlich kam auch der Schauspieler Hubert Knaup alias Kommissar Kluftinger nach den Dreharbeiten in den Genuss der Restaurantküche. Womit bewiesen wäre, dass sich Realität und Fiktion manchmal doch gut vereinen lassen. Und bei den Wanderungen rund um den Alatsee kommt man angesichts herrlicher Panorama-Ausblicke unweigerlich zu dem Schluss: »Prädikat besonders wertvoll«.

Wo: Am Alatsee 1,
Tel. 0 83 62/62 05
Wann: Nebensaison Mo 11–18,
Mi–So 11–21 Uhr (weitere
Termine telefonisch erfragen)
Web: www.hotel-alatsee.de
Karte: C 7

Lila Haus
Füssen

Neben originellen Geschenken und Wohnaccessoires präsentiert Elke Ditsch in ihrem Lila Haus am Sailerturm exquisite Essige, Öle, Liköre, Brände und Weine sowie Hausspezialitäten wie Bergschinken und Allgäuer Rauchsalami. Hier findet jeder ein Geschenk – auch für sich selbst. In der Bistroecke werden Suppen und gemischte Antipasti, Kässpatzen und Schupfnudeln angeboten. Dazu kann man sich einen Espresso oder Cappuccino, einen Prosecco oder edle Tropfen aus der gut sortierten Vinothek bestellen. Letztere kommen überwiegend von deutschen, österreichischen und italienischen Winzern. Jeden zweiten Donnerstag im Monat gibt es einen Weinstammtisch, mehrmals im Jahr werden Weinseminare unter Leitung eines Experten angeboten.

Wo: Sebastianstr. 4,
Tel. 0 83 62/9 39 09 78
Wann: Mo–Fr 9.30–18
(im Winter ab 10), Sa 9–16
(im Winter ab 9.30 Uhr)
Web: www.lilahaus-fuessen.de
Karte: C 7

Casa Veda spa & food
Füssen

Was entsteht, wenn ein passionierter Gastronom und eine erfahrene Masseurin eine gemeinsame berufliche Vision haben? Eine neue Art von Gastro-Wellness. Das heißt in diesem Fall konkret: ein Bio-Bistro-Café, welches »das Beste aus beiden Welten« vereint. Hier die vegetarischen und veganen Kreationen von Küchenchef Roberto Dego, da die heilenden Massagen von Anke Dego. Kulinarische Hochgenüsse sind seitdem in der Casa Veda genauso sicher wie Erholung und Entspannung. Den Massageraum und das Bistro trennt nur eine Tür. Bei so viel Leidenschaft kein Wunder, dass sich die Location mittlerweile auch als Treffpunkt für Musiker und andere Kunstschaffende herumgesprochen hat.

Wo: Brunnengasse 21,
Tel. 0 83 62/5 05 67 36
Wann: Di und Mi 11–19,
Do–Sa 11–21 Uhr
Web: www.casa-veda.de
Karte: C 7

Veranstaltungen rund ums Jahr

JUNI/JULI

★ Festlicher Sommer in der Wies

In der bayerischen Musikland-schaft zählt diese Konzertreihe zu den ältesten ihrer Art. Das umfangreiche Programm beinhaltet geistliche Volksmusik, symphonische Werke bekannter Komponisten sowie große Requiemen und Messen. Karten unter Tel. 0 88 61/21 41 81.

www.wieskirche.de

AUGUST

★ Füssener Stadtfest

Die historische Altstadt wird während eines Wochenendes Mitte August zur Open-Air-Fest-meile. Dann geht es musikalisch zur Sache – von Blasmusik bis Latino-Rhythmen, von Country bis zum Chanson. Der Eintritt zu allen Bühnen ist frei. Für das leib-liche Wohl sorgen die Füssener Altstadtwirte. Infos unter Tel. 0 83 62/9 38 50.

www.fuessen.de

SEPTEMBER

★ Buchinger Herbstfest mit Viehmarkt

Alljährlich am dritten Montag im September findet in Buching (Halblech) der traditionelle Vieh-markt auf dem Festplatz statt. Inmitten des Krämermarktes und des Festzeltbetriebs ist wie in vergangenen Zeiten ein reger Viehhandel im Gange, bei dem der Kauf mit Handschlag besie-

Zwischen Juni und August bietet die Wieskirche Raum für Konzertkultur im großen Stil.

gelt wird. Zahlreiche Zuschauer säumen den Weg, wenn das geschmückte Vieh, begleitet von Vorreitern und der Musikkapelle Buching, vormittags auf den Marktplatz einzieht.

....

www.halblech.de

★ Füssen in der Renaissance

Am ersten September-Wochen-ende gehört die Altstadt Rittern, Magiern, Gauklern, Landsknechten und Marketenderinnen. Prunkvolle Umzüge erinnern an die Zeit Ende des 15. Jahrhunderts, als der deutsche Kaiser Maximilian I. mit seinem Tross zu seinen zahlreichen Besuchen in Füssen eintraf.

....

www.mittelalterfeste.net

★ Neuschwanstein Konzerte

Diese neuntägige Konzertreihe findet im prunkvollen Sängersaal des Schlosses statt. Er war für festliche Musikveranstaltung gedacht, leider hat der »Kini« nie eines erlebt. Anfragen und Tickets: Tel. 0 83 62/81 98 31

....

www.schwangau.de

OKTOBER

★ Colomansfest in Schwangau

Jedes Jahr am zweiten Sonntag im Oktober versammeln sich am Ortsrand von Schwangau Hunderte prächtig herausgeputzter Pferde und festlich gewandete Reiter zu diesem traditionellen Spektakel vor der Kulisse der

Als Kulisse für Konzerte kaum zu schlagen: der Sängersaal im Schloss Neuschwanstein.

Raritäten der Handwerkskunst findet man am Wildsteiger Künstlermarkt.

Königsschlösser. Der Reiterzug zur Kirche St. Coloman wird von der hiesigen Musikkapelle angeführt. Nach der Heiligen Messe und der Pferdesegnung folgt der Umritt.

www.schwangau.de

DEZEMBER

★ Wildsteiger Künstler- und Handwerksmarkt

Eine Fundgrube für alle, die ein besonderes Weihnachtsgeschenk suchen: Zahlreiche Kunstschaffende, darunter die Organisatorin Heidi Wagner, stellen hier ihre Kunst aus. Ihre Zeichnungen, Gemälde und Hinterglasbilder erzählen Geschichten aus der Heimat. Bemerkenswert sind die sogenannten Klosterarbeiten: Heiligenbilder und sakrale Fligran-Kunstwerke, wie sie auch vor Jahrhunderten schon in Klöstern hergestellt wurden. Der Markt findet alle zwei Jahre (an geraden Jahreszahlen) statt. Einige der Werke sind auch in der Gaststätte zum Strauß ausgestellt.

www.wildsteig.de

★ Kulinarischer Nikolausmarkt Schwangau

Zu Beginn der Adventzeit lockt der Nikolausmarkt mit hausgemachten Spezialitäten und süßer Weihnachtsbäckerei. Von 14 bis 20 Uhr laden die weihnachtlich beleuchteten Holzbuden zum Probieren ein. Die Schwangauer Wirte bieten dann unter anderem ganz besondere Leckerein, wie Almfladen, Ochsenbraten, geräucherten Fisch, Weizenbowle, heiße Caipirinha oder weihnachtlichen Bratapfellikör gegen den Durst an.

www.schwangau.de

FRANKEN

Bocksbeutel
Die flach-bauchige Flasche mit kurzem Hals bürgt für qualitativ höherwertige Frankenweine. Die Herkunft des Namens ist nicht vollends geklärt; mit großer Wahrscheinlichkeit spielt aber die Hodenform eines Ziegenbocks eine Rolle. Seit 1989 ist der Bocksbeutel in der EU geschützt und darf mit Ausnahmen (z. B. Tauberfranken) nur für fränkische Weine verwendet werden.

Bratwürste
Sie gelten als Frankens Nationalgericht. Vorschriften regeln Länge, Form und Inhalt. Varianten sind Blaue Zipfel, hier wird die Wurst in einem Sud gegart.

»Drei im Weckla«
Beliebter, fränkischer Imbiss. Drei heiße Bratwürste in einem Brötchen, bzw. einer Semmel.

Frankenwein
Mit heute 6 000 Hektar Rebfläche ist es das sechstgrößte Weinbaugebiet Deutschlands. Rund 80 Prozent beträgt der Weißweinanteil; neben Silvaner und Müller-Thurgau kommt der weißen Rebsorte Bacchus als regionale Spezialität große Bedeutung zu.

Heckenwirtschaft
In den Anbaugebieten anderer Regionen Strauß- oder Besenwirtschaft genannt. Hier dürfen Winzer in einem bestimmten Zeitraum ihren eigenen Wein ausschenken und kleinere Speisen servieren. Im Frühherbst freuen sich Winzer wie Besucher auf den frischen »Bremser« (auch bekannt als Federweißer).

Karpfen
Der schmackhafte Fisch aus heimischen Gewässern ist eine Spezialität in Franken. Er kommt gebacken auf den Tisch oder »blau«, also im Essig- oder Biersud. Einige Gaststätten haben eine eigene Teichwirtschaft.

Küchle/Küchla
Hefeteiggebäck, das in Fett goldbraun gebraten und mit Puderzucker bestäubt wird. Es gibt Küchle in verschiedenen Größen und Formen, eckig oder rund. Beim Herausbacken blasen sie sich wie ein Kissen auf.

Schäufele/Schäufela
Schulterstück des Schweins und Klassiker auf den Speisekarten gut-bürgerlicher Gaststätten. Die Schwarte wird kreuzweise eingeritzt, das gewürzte Fleisch mit reichlich Flüssigkeit (Brühe, dunkles Bier) im Bräter im Ofen gegart.

SCHWABEN

Flädlesuppe
Flädle sind in dünne Streifen geschnittene, dünne Pfannkuchen, die in eine kräftige Rinderbrühe

Neben Allgäuer Emmentaler verwenden findige Köche auch Romadur bei den Kässpätzle.

eingelegt werden. Im Bayerischen als Pfannkuchensuppe, im Österreichischen als Frittatensuppe bekannt.

Krautkrapfen

Nudelteig mit Sauerkraut und Hackfleisch gefüllt. Die gekochte bzw. gebratene Mischung aus Sauerkraut und Hackfleisch wird auf dem dünn ausgerollten Teig verteilt und zu einer Wurst gerollt, in Scheiben geschnitten und in der Pfanne von beiden Seiten goldgelb ausgebacken.

Maultaschen

Die gefüllten Teigtaschen sind ein Aushängeschild der schwäbischen Küche. Erfunden wurden sie angeblich von Mönchen des Klosters Maulbronn, die während der Fastenzeit zerkleinertes Fleisch in Teigtaschen »versteckt« haben. Die Grundfüllung besteht aus Brät, Spinat, Zwiebeln und eingeweichtem Brötchen. Doch die Varianten kennen keine Grenzen; rein vegetarische Füllungen sind ebenso beliebt wie süße.

Schupfnudeln (Buabaspitzle)

Kurze, fingerdicke Nudeln aus gekochten Kartoffeln, die gerne als Hauptspeise mit Sauerkraut oder/und als Beilage zu Fleischgerichten genossen werden. Einst waren die spitz zulaufenden Kartoffelteigklößchen ein Arme-Leute-Essen.

Schwäbischer Zwiebelkuchen

Rahmkuchen mit Zwiebeln, Kümmel und Speck, in einer Springform gebacken, ähnlich der elsässischen Quiche Lorraine. Wird besonders gerne im Spätsommer und Herbst zum neuen Wein gereicht.

Spätzle (Knöpfle)
Eierteigwaren aus Frischei mit unregelmäßiger Form und rauer, poriger Oberfläche. Als Hauptbeilage zu Fleisch- und Wildgerichten (nicht nur) in Schwaben beliebt. Der zähe Teig wird mit einem Spätzlehobel, einer Spätzlepresse oder vom Brett geschabt ins kochende Wasser gegeben. Die Form variiert zwischen dünn und dick, länglich und rund. Letztere heißen auch Knöpfle.

ALTBAYERN
Blutwurst
Sie wird auch als Kochwurst bezeichnet und wird aus Schweineblut, Speck, Schwarte und Gewürzen hergestellt. Vielerorts wird sie mit Kartoffeln und Zwiebeln zu einem Blutwurstgröstl verarbeitet oder als Leber-Blutwurst-Kombination mit Sauerkraut serviert.

Dampfnudeln
Klöße aus Hefeteig, die in einem großen Topf mit Deckel (damit kein Dampf entweicht) im Ofen gegart werden. Die Kruste am Boden ist für viele Genießer das Beste an der Dampfnudel. Dazu gibt's Vanillesoße.

Fingernudeln
Der Teig aus gekochten Kartoffeln mit Mehl und Eiern wird zu fingerdicken Nudeln gerollt und im heißen Fett herausgebraten. Fingernudeln waren auch früher schon eine beliebte, weil sättigende und wohlschmeckende Fastenspeise.

Griesnockerl
Gries, Ei, Butter, Salz und Muskatnuss sind die Zutaten für diese beliebte Suppeneinlage. Locker müssen die Nockerl sein und dennoch einen zarten Biss haben.

Kalbshaxe
Sie gilt als bayerisches Staatsessen. Fleischgenuss pur, im Rohr gebraten, ohne viel Drumherum, das würde nur ablenken. Dazu passen Semmelknödel.

Leberkäs
Das beliebte bayerische Brotzeitschmankerl enthält weder Leber noch Käse. Der Leberkäs besteht gemeinhin aus Rindfleisch und Schweinefleisch im Verhältnis 5:1. Schmeckt warm und kalt.

Obatzda
Pikant mit Frischkäse, Kümmel, Paprikagewürz und Zwiebeln angerührter (»obatzter«) Camembert – dazu wird in Bayern frisches Bauernbrot oder Breze und eine frische Mass Bier gereicht.

Reiberdatschi
Norddeutsch Reibekuchen oder Kartoffelpuffer, isst man in Bayern mit Sauerkraut oder Apfelmus, eignet sich aber auch als Beilage zu Fleisch- oder Wildgerichten.

ALLGÄU

Allgäuer Bergkäse

Er wird überwiegend auf Sennhütten in Höhenlagen zwischen 900 und 1800 Metern aus Rohmilch hergestellt. Der »kleine Bruder« des Allgäuer Emmentalers schmeckt intensiver, ist flacher und hat kleinere Löcher.

Allgäuer Emmentaler

Aushängeschild unter den Allgäuer Molkereiprodukten. Er wird seit Beginn des 19. Jahrhunderts nach dem Schweizer Vorbild produziert. Charakteristisch sind die großen Löcher und sein nussiges, leicht süßes Aroma.

Apfelbrot und Birnenbrot

Aromatisch gewürztes Früchtebrot (auch Kletzenbrot) aus geschnittenen Äpfeln bzw. Birnen, Zucker, Rosinen und gehackten Nüssen; es kommt gerne in der Weihnachtszeit auf die Tische.

Apfelküchle

Beliebte Allgäuer Nachspeise. Apfelringe werden in einem Teig herausgebacken und in Zimtzucker gewendet. Warm serviert, schmeckt auch gut zu Vanilleeis.

Backsteinkäse

Er hat das Format und die Farbe eines Ziegelsteins (Backsteins). Die rostrote Farbe entsteht bei der Reifung durch spezielle Kulturen, die dem Käse regelmäßig mit Hand aufgeschmiert werden.

Bierlikör

Damit kann man Gäste überraschen. Bockbier wird mit Weingeist, Zucker, Zimt und Vanilleschoten erhitzt abgefüllt und mehrere Wochen gelagert.

Heumilch

Sie ist die Grundlage für viele hochwertige Milchprodukte des Allgäus und stammt von Kühen, die sich überwiegend von Gras und Kräutern auf Wiesen und Weiden (und im Winter vom Heu) ernähren und keine vergorenen Futtermittel bekommen.

Hollerküchle

Sommerliche Delikatesse zur Holunderblüte (Holler). Die aromatischen Dolden werden in einem Pfannkuchenteig herausgebacken und in Zucker gewendet.

Kässpätzle

Fusioniert mit Allgäuer Käse, sind sie eine beliebte, vollwertige Hauptspeise. Meist werden die Spätzle mit Emmentaler und Bergkäse, vereinzelt auch zusätzlich mit Romadur vermischt und mit reichlich, in Butterschmalz resch gebratenen Zwiebeln serviert.

Springerle

Weihnachtsgebäck aus anisgewürztem Eierteig, der in Modeln, also Hohlformen aus Holz mit unterschiedlichen Motiven, gefüllt wird.

Stationen in der Entwicklung der Romantischen Straße

10. Januar 1950 Gründung der Arbeitsgemeinschaft »Die Romantische Straße zwischen Main und Alpen«. Die Wurzeln von Deutschlands ältester Ferienstraße gehen auf das Jahr 1900 zurück, damals verband der »Deutsche Reiseweg Nummer 1« den Main mit den Alpen. Vor allem die in Deutschland stationierten amerikanischen Soldaten und ihre Familien fanden später Gefallen an dieser mit reicher Historie und landschaftlichen Schönheiten gespickten Route.

4. – 8. Mai 1950 Die erste Pressefahrt entlang der Romantischen Straße wird organisiert. Mit dabei ein Dutzend Journalisten und Reisebuchautoren, die sich vom touristischen Potenzial der Romantischen Straße ein eigenes Bild machen konnten (die ursprünglich »Romantische Straße für verliebte Paare« heißen sollte).

19. Juni 1950 Süddeutschlands längste Omnibus-Fernlinie nimmt ihren Betrieb auf. Die 377 Kilometer lange Fernlinie wird täglich in beide Richtungen befahren, mit Anschluss nach Oberammergau, Ettal und Garmisch-Partenkirchen. Abfahrt morgens um 6.30 Uhr in Würzburg, Ankunft in Füssen um 20.15 Uhr. Entgegengesetzt um 6 Uhr ab Füssen mit Ankunft in Würzburg um 19.35 Uhr. Fahrpreis pro km: 6 Pfennig. Mit Beginn des Linienverkehrs werden die Busse der Romantischen Straße zunächst von englischsprachigen Übersetzern, später von Hostessen begleitet. In ihren adretten Uniformen brauchtes sie den Vergleich mit Lufthansa-Flugbegleitern nicht zu scheuen.

23. Mai 1951 Die Deutsche Bundesbahn setzt ein Schnelltriebwagen-Paar auf der Strecke Rothenburg–Feuchtwangen–

Nördlingen – Augsburg – München und zurück ein. In allen Orten ist ein Umstieg in den Bus Romantische Straße möglich, sodass alle Sehenswürdigkeiten besucht werden können. Die Gestaltung beider Fahrpläne liegt bei der Eisenbahndirektion Augsburg (Reichsstädteexpress).

1952 Die roten Bahnbusse werden vom Gründer der Romantischen Straße, Dr. Ludwig Wegele, feierlich begrüßt: Die mit Blumen geschmückten MAN Busse haben jeweils 100 000 Kilometer auf der Romantischen Straße zurückgelegt. Erster Fahrer war Johann Marquart (1913 bis 2008) aus Augsburg.

12. Mai 1955 Die Deutsche Touring Gesellschaft nimmt die Romantische Straße als Bestandteil der Vogelfluglinie Linie 312 von Kopenhagen über Würzburg und Augsburg nach Innsbruck auf. Die Romantische Straße ist somit in das Europabus-Liniennetz der europäischen Eisenbahngesellschaften eingebunden. Die roten Bahnbusse werden im Jahr 1962 durch die türkis-beigefarbenen Busse der Deutschen Touring ersetzt, einer 100-prozentigen Tochter der Bahn. Gleichzeitig mit dieser Übernahme werden Frankfurt am Main und München in den Fahrplan eingebunden. Erwin Rüb, späterer Betriebsleiter der Deutschen Touring, war der erste Europabusfahrer entlang der Romantischen Straße.

1. April 1968 Charly Brown startet zu seiner ersten Fahrt von Frankfurt nach München. Unter seinem bürgerlichen Namen Karl Heinz Zobel kennt den immer gut gelaunten Gentleman aus Sachsen kaum jemand. Doch schnell wird der Busfahrer mit Trillerpfeife, Handschuhen und Zylinder »Kult« – zum Markenzeichen im internationalen Tourismus. Den Spitznamen erhielt er von zwei begeisterten Amerikanerinnen, die zu treuen Stammgästen auf der Strecke wurden. Nach 25 Dienstjahren hat er auf »seiner« Strecke 2,5

Millionen Kilometer absolviert, was etwa 60 Erdumrundungen entspricht.

1974 wird der kleine Jürgen Wünschenmeyer, der heute Geschäftsführer der Arbeitsgemeinschaft für die Romantische Straße ist, zum ersten Mal in den Bus von Feuchtwangen nach Augsburg gesetzt, wo ihn seine Oma empfangen sollte. Charly Brown nahm sich des Jungen an und weckte in ihm eine Begeisterung für die Romantische Straße, die ein Leben lang andauern soll. Von da an reist Jürgen in den Ferien regelmäßig mit dem Bus zur Großmutter, auch als sie nach Bad Wörishofen umsiedelt. Im Alter von 16 Jahren nimmt Jürgen Wünschenmeyer in den Schulferien erstmals seine Tätigkeit als Begleitperson im Europabus auf.

April 1982 Die Japanische Romantische Straße wird nach deutschem Vorbild ihrer Bestimmung übergeben – die erste Nachahmung im Ausland. Im Jahr 2007 wurde die Partnerschaft mit der Rota Romantica in Brasilien besiegelt. Zwei Jahre später, im Juli 2009, wurde die Romantic Road of Korea feierlich eröffnet. Auch in Vietnam hat man bei der Gründung der World Heritage Road das Leitbild des deutschen Originals übernommen.

1. April 1992 Köksal Balikci wird als erster türkischer Fahrer auf der Romantischen Straße eingesetzt. Der aus Kappadokien stammende Balikci war ursprünglich auf der Europabuslinie Istanbul–Frankfurt im Einsatz und verliebte sich in die Romantische Straße. Er wurde der »Mann an der Front« und das Gesicht der Romantischen Straße für die internationalen Gäste, die heute zu über 80 Prozent aus Asien stammen. Für ihn ist die Ferienstraße zu seiner »Lebens-Linie« geworden.

1. April 1994 Radwandern wird immer beliebter in Deutschland. Diesem Trend wird auch auf der

Romantischen Straße Rechnung getragen, und alle Busse werden mit Fahrradanhängern ausgestattet, zur Ergänzung des Angebotes entlang des Radwanderwegs.

2006 Eröffnung des Weitwanderwegs Romantische Straße (mit blauen Hinweisschildern).

1. Juli 2008 In Vorbereitung auf ihren Börsengang verkauft die Deutsche Bahn die gewinnträchtige Deutsche Touring an ein ausländisches Busunternehmer-Konsortium. Aus dem Europabus wird nun der »Romantic Road Coach«, der Bus der Romantischen Straße, der nunmehr seit 63 Jahren zum Bindeglied der Romantischen Straße geworden ist und aktuell von Touring Tours & Travel in Frankfurt betrieben wird.

2011 Veränderung des Landschaftsbildes durch den Ausbau der B 2 und B 25 als drei- und vierspurige Straße. Optimierung des Streckenverlaufes der Romantischen Straße von Nördlin-gen bis Hohenfurch. Als Reaktion auf den Straßenausbau wird die Streckenführung der Romantischen Straße verlegt und läuft nun über Rain. Die Stadt wird in diesem Zusammenhang als 28. Ort und neuer Gesellschafter aufgenommen. Mehr denn je stehen kleiner Städte, Flüsse wie Donau und Lech, dörfliches und traditionelles Leben sowie abwechselnde Naturlandschaften im Fokus einer Ferienstraße, die eigentlich für den Städtetourismus erfunden wurde.

2013 Einführung der App zur Romantischen Straße und Zertifizierung des Radwegs durch den ADFC mit 3*. Die Romantische Straße schafft es als erste Ferienstraße auf Platz 21 unter die Top 100 der Deutschen Zentrale für Tourismus (DZT), ein Ranking, das von Gästen aus aller Welt gewählt wird.

2014 Die Romantische Straße belegt Platz 14 bei der Wahl der Top 100 der DZT. Busfahrerlegende Balikci geht in Rente.

Die 28 Partner der Romantischen Straße

Romantische Straße
Touristik-Arbeitsgemein-
schaft GbR
Segringer Str. 19
91550 Dinkelsbühl
Tel. 0 98 51/55 13 87
www.romantischestrasse.de
www.romanticroad.de
www.romanticroadcoach.de

Würzburg Congress
Tourismus Wirtschaft
Tel. 09 31/37 23 35
www.wuerzburg.de

Tauberbischofsheim
Tourist-Information
Tel. 0 93 41/8 03 33
www.tauberbischofsheim.de

Lauda-Königshofen
Tourist-Information
Tel. 0 93 43/50 11 28
www.lauda-koenigshofen.de

Bad Mergentheim
Tourist-Information
Tel. 0 79 31/57 48 15
www.bad-mergentheim.de

Weikersheim
Städtisches Kultur-
und Verkehrsamt
Tel. 0 79 34/1 02 55
www.weikersheim.de

Röttingen
Tourist-Information
Tel. 0 93 38/97 28 55
www.roettingen.de

Creglingen
Tourist-Information
Tel. 0 79 33/6 31
www.creglingen.de

Rothenburg o. d. Tauber
Tourismus Service
Tel. 0 98 61/40 48 00
www.tourismus.
rothenburg.de

Schillingsfürst
Info-Center
Tel. 0 98 68/2 22
www.schillingsfuerst.de

Feuchtwangen
Tourist-Information
Tel. 0 98 52/9 04 55
www.feuchtwangen.de

Dinkelsbühl
Touristik Service
Tel. 0 98 51/90 24 40
www.dinkelsbuehl.de

**Marktgemeinde
Wallerstein**
Tel. 0 90 81/2 76 00
www.markt-wallerstein.de

Nördlingen
Tourist-Information,
Tel. 0 90 81/84 1 16
www.noerdlingen.de

Harburg Verkehrsamt
Tel. 0 90 80/96 99 24
www.stadt-harburg-
schwaben.de

Donauwörth Städtische
Tourist-Information
Tel. 09 06/78 91 51
www.donauwoerth.de

Stadt Rain
Tel. 0 90 90/70 30
www.rain.de

Regio **Augsburg** Tourismus
Tel. 08 21/50 20 70
www.augsburg-tourismus.de

Friedberg
Tourist-Information
Tel. 08 21/6 00 26 11
www.friedberg.de

Landsberg am Lech
Tourist-Info
Tel. 0 81 91/12 82 46
www.landsberg.de

Hohenfurch
Tourismus-Information
Tel. 0 88 61/9 08 17 98
www.hohenfurch.de

Schongau
Tourist Information
Tel. 0 88 61/21 41 81
www.schongau.de

Peiting
Tourist-Information
Tel. 0 88 61/65 35
www.peiting.de

Rottenbuch
Tourist-Info
Tel. 0 88 67/91 10 18
www.rottenbuch.de

Wildsteig
Tourist-Information
Tel. 0 88 67/9 12 40 10
www.wildsteig.de

Steingaden
Tourist-Information
Tel. 0 88 62/2 00
www.steingaden.de

Halblech
Tourist-Information
Tel. 0 83 68/2 85
www.halblech.de

Schwangau
Tourist-Information
Tel. 0 83 62/8 19 80
www.schwangau.de

Füssen
Tourist-Information
Tel. 0 83 62/9 38 50
www.fuessen.de

Fotocredits

Cover: Kenzenhütte, U4: laif/Hub
Seite 5 JAHRESZEITEN VERLAG/Klaus-Maria Einwanger; 6 Romantische Straße Touristik-Arbeitsge-
meinschaft GbR; 8 mauritius images/Wolfgang Filser; 9 Romantische Straße Touristik-Arbeitsgemein-
schaft GbR; 10 Rothenburg Tourismus Service, Plönlein, W.Pfitzinger; 11 FrankenTourismus/FWL/
Würzburg/Hub; 12 dpa Picture-Alliance/Johann Scheibner; 15 Weingut am Stein; 16 Fischbar zum
Krebs; 19 Distelhäuser Brauerei; 20 Becksteiner Winzer; 22 argus/Peter Frischmuth; 24 Hotel St.
Michael; 26 Fotolia/Václav Mach; 29 JAHRES-ZEITEN VERLAG/Uwe Bender; 31 Jürgen Besserer;
32 JAHRESZEITEN VERLAG/Moritz Hoffmann; 35 Brennerei Ott; 37 Hotel Gasthof Sonne; 38
Bäckerei-Konditorei-Café Walter Friedel e.K.; 40 ARVENA HOTELS; 42 Marion Huwald; 45 Romanti-
sche Straße Touristik-Arbeitsgemeinschaft GbR; 47 Verein Würzburger Festwirte; 48 dpa Picture-
Alliance/Stefan Puchner; 49 Romantische Straße Touristik-Arbeitsgemeinschaft GbR; 50 JAHRESZEITEN
VERLAG/Jörn Rynio; 53 SIMON MALIK PHOTOGRAPHY; 55 Hotel Weißes Roß; 56/57 Das Haus
Wallerstein; 59 Roman Knie; 60 Marion Huwald; 62 Fotolia/smart.art; 65 Dehner Blumen Hotel; 67
Touristik Service Dinkelsbühl, Ingrid Wenzel; 68 Romantische Straße Touristik-Arbeitsgemeinschaft GbR;
69 Regio Augsburg Tourismus GmbH; 70 JAHRESZEITEN VERLAG/Klaus-Maria Einwanger; 73 Wolf-
gang B. Kleiner; 74/75 Marion Huwald; 76 Fotolia/Christian Jung; 78 Mirjam Weißgerber; 81 Restaurant
Zum Luitpold; 82 JAHRESZEITEN VERLAG/Mark Phillip; 84 Weinstuben im Frauentor; 86 Bettina Eder;
88 JAHRESZEITEN VERLAG/GourmetPictureGuide; 91 fotolia/Fotofreundin; 93 mauritius images/
Alamy; 94 Elisabeth Gruber; 95 Andreas Schmidt; 96 Romantische Straße Touristik-Arbeitsgemeinschaft
GbR; 97 Romantische Straße Touristik-Arbeitsgemeinschaft GbR; 98 Corbis; 101 Werner Böglmüller;
102 laif/Thomas Linkel; 104–105 look-foto/Andreas Strauß; 107 JAHRESZEITEN VERLAG/Markus
Dlouhy; 109 Beppos Eiskutsche; 112 Bumann; 113 Tourist Information Schongau/Diana Bruhn;
114 Schwangau/Ostallgäu; 115 Hans-Helmut Herold; 117 Bischof Harry/the food passionates/Corbis;
120-123 Romantische Straße Tourisitik AG GbR.

DIE FREIZEITFÜHRER FÜR DEN URLAUB VOR DER HAUSTÜR

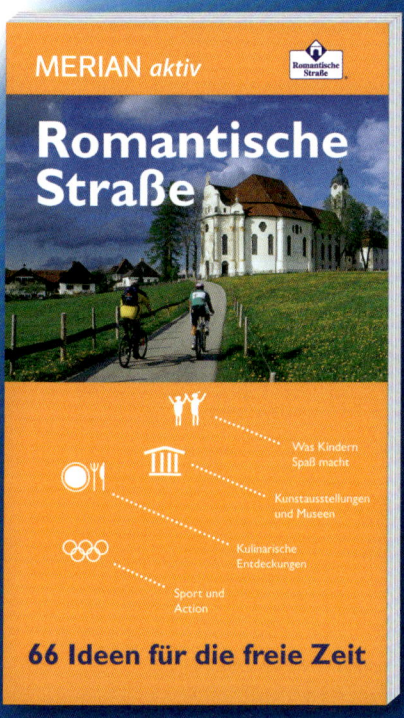

Impressum

Liebe Leserinnen und Leser,
vielen Dank, dass Sie sich für einen Titel aus unserer Reihe
MERIAN **guide** entschieden haben. Wir freuen uns, Ihre Meinung
zu diesem Reiseführer zu erfahren. Bitte schreiben Sie uns an
merian-guide@travel-house-media.de, wenn Sie Berichtigungen
und Ergänzungen haben – und natürlich auch, wenn Ihnen etwas
ganz besonders gefällt.

Alle Angaben in diesem Reiseführer sind gewissenhaft geprüft.
Preise, Öffnungszeiten usw. können sich aber schnell ändern.
Für eventuelle Fehler übernimmt der Verlag keine Haftung.

© 2015 TRAVEL HOUSE MEDIA GmbH
Postfach 86 03 66, 81630 München
www.merian.de

MERIAN ist eine eingetragene Marke
der GANSKE VERLAGSGRUPPE.

1. Auflage

Bei Interesse an maßgeschneiderten MERIAN-Produkten:
Tel. 0 89/4 50 00 99 12, veronica.reisenegger@travel-house-media.de

Programmleitung: Dr. Michael Kleinjohann

Projektleitung/Redaktion: Birgit Chlupacek

Lektorat: Birgit Chlupacek, Robert Fischer

Bildredaktion: Susann Jerofsky

Schlusskorrektorat: Dr. Anita Meschendörfer

Satz/Layout: Michaela Reitinger

Karten: Gecko-Publishing GmbH für MERIAN-Kartographie

Druck und Buchbinderische Verarbeitung:
Firmengruppe APPL, aprinta Druck, Wemding

Ein Unternehmen der
GANSKE VERLAGSGRUPPE

PEFC/04-32-0928